Griechenland als 12. Mitglied
der Europäischen Wirtschafts- und Währungsunion

Panagiotis Bernardakis

Griechenland als 12. Mitglied der Europäischen Wirtschafts- und Währungsunion

Fakten und Perspektiven

PETER LANG
Frankfurt am Main · Berlin · Bern · Bruxelles · New York · Oxford · Wien

Die Deutsche Bibliothek - CIP-Einheitsaufnahme

Bernardakis, Panagiotis:

Griechenland als 12. Mitglied der Europäischen Wirtschafts- und Währungsunion : Fakten und Perspektiven / Panagiotis Bernardakis. - Frankfurt am Main ; Berlin ; Bern ; Bruxelles ; New York ; Oxford ; Wien : Lang, 2002
ISBN 3-631-38068-2

ISBN 3-631-38068-2

www.peterlang.de

Für

Dagmar

Sibylle Marie-Hélène

und

Nina Alexandra

Inhaltsverzeichnis

Abkürzungsverzeichnis

a.a.O.	am angegebenen Ort
BIP	Bruttoinlandsprodukt
BöZ	Börsenzeitung
bzw.	beziehungsweise
CGM	Computer Graphics Metafile
d. h.	das heißt
ECOFIN	Der in der Zusammensetzung der Wirtschafts-
ECU	Europäische Währungseinheit (European Currency Unit)
EG	Europäische Gemeinschaft
ESZB	Europäisches System der Zentralbanken
EU	Europäische Union
EWI	Europäisches Währungsinstitut
EWS	Europäisches Währungssystem
EWWU	Europäische Wirtschafts- und Währungsunion (auch WWU)
EZB	Europäische Zentralbank
Fn.	Fußnote
GR	Griechenland
GRD	Griechische Drachme
GWD	Griechischer Wirtschaftsdienst
HB	Handelsblatt
hrsg.	herausgegeben
Hrsg.	Herausgeber
IWF	Internationaler Währungsfonds
Mio	Millionen
Mrd.	Milliarden
NZB(en)	Nationale Zentralbank(en)
NZZ	Neue Zürcher Zeitung
OECD	Organisation für wirtschaftliche Entwicklung
S.	Seite
u.a.	unter anderem
ca.	circa
s.	siehe
UMTS	Universal Mobile Telephone Services
	und Finanzminister tagende EU-Rat
	und Zusammenarbeit
US$	US-Dollar

USA	Vereinigte Staaten von Amerika
v.	vom, von
VPI	Verbraucherpreisindex
Wg.	Wegen
WKM	Wechselkursmechanismus
WWU	Wirtschafts- und Währungsunion

Verzeichnis der Tabellen (Tab.) und Abbildungen (Abb.)

Griechenland (GR)

A. Konvergenzprüfung 1998

I. Preisentwicklung

II. Finanzpolitische Entwicklung

III. Wechselkursentwicklung

B. Konvergenzprüfung 2000

I´. Preisentwicklung

II´. Finanzpolitische Entwicklung

III. Wechselkursentwicklung

IV Perspektiven

1. Einleitung

Am 1. Januar 2001 ist Griechenland 12. Mitglied der Europäischen Wirtschafts- und Währungsunion (WWU) geworden. Die Mitgliedschaft erfolgte somit im Verlauf der dritten Stufe der WWU. Griechenland als jüngstes Mitglied der Währungsgemeinschaft wurde den elf EU-Ländern, die bereits während der zweiten Stufe der WWU beigetreten waren, gleichgestellt.

Die dreijährige Übergangszeit bis zur Einführung des Euro als gesetzliches Zahlungsmittel bei den elf EU-Ländern reduzierte sich jedoch im Falle Griechenlands aufgrund der späteren Mitgliedschaft auf ein Jahr (1. Januar bis 31. Dezember 2001). Die wichtigsten Änderungen im Verlauf dieses Jahres bestanden darin, Geld-, Devisen- und Anleihenmarkt auf den Euro umzustellen und die Konten der Kreditinstitute bei der Zentralbank (Bank von Griechenland) zu konvertieren.

Auf diese Weise haben alle zwölf WWU-Länder gleichzeitig, am 1.1.2002, den Euro als gesetzliches Zahlungsmittel eingeführt.

Für Griechenland, eines der ärmsten Länder der Europäischen Union, war der Weg bis zur vollen Mitgliedschaft nicht ohne Hindernisse. Bis zuletzt hatte das kleine Land mit Unwägbarkeiten zu kämpfen, die seinen Beitritt in Frage stellten. Die jahrelangen, permanenten Anstrengungen, die nominale Konvergenz im Sinne der Erfüllung der Maastrichter Kriterien zu erreichen, haben letztendlich Früchte getragen. So war vor allem die Erfüllung des Inflationskriteriums das wichtigste Problem, das kurz vor der Konvergenzprüfung des Jahres 2000 noch nicht endgültig gelöst zu sein schien.

Ziel dieser Arbeit ist es, die Fakten zu durchleuchten, die das Land in die Lage versetzten, den Euro am 1. Januar 2001 einzuführen. Die erreichte nominale Konvergenz sagt aber nichts über die Nachhaltigkeit der Ergebnisse aus und präjudiziert nicht unbedingt ein Einschwenken auf den Pfad der realen Konvergenz. Daher kommt es besonders darauf an, auch die Zeit nach der Euroeinführung zu berücksichtigen. Vor allem die Perspektiven Griechenlands im Hinblick auf die Dauerhaftigkeit der erzielten Resultate sowie die Chancen und Risiken, welche die Einheitswährung mit sich bringt, sind aufzuzeigen.

Der geschichtlichen Reminiszenz an Währungsunionen im antiken und modernen Griechenland folgt ein kurzer Überblick über die Entwicklung der heutigen Europäischen Wirtschafts- und Währungsunion.

Griechenlands Teilnahme an der WWU wäre ohne die Überwindung des ersten „Hindernisses", der Aufnahme der griechischen Währung in den Wechselkursmechanismus des EWS (WKM bzw. WKM I) am 16. März 1998, undenkbar. Die Zeit vor dem EWS-Beitritt der griechischen Drachme (GRD) fällt in ihrem letzten Abschnitt mit der Zeit für die Konvergenzprüfung der Stufe Zwei zusammen. Nach der WKM - Mitgliedschaft und bis zur Einführung der Einheitswährung in Griechenland waren folgende Ereignisse von grundlegender Bedeutung: a) die Teilnahme der GRD am WKM II am 01. Januar 1999 und die damit verbundene faktische Bindung der griechischen Währung an den Euro, als Voraussetzung für eine spätere Aufnahme in die Währungsunion und b) die Entscheidung des in der Zusammensetzung der Wirtschafts- und Finanzminister tagenden EU-Rats (ECOFIN - Rat) am 19. Juni 2000, dass Griechenland die erforderlichen Kriterien zur Einführung der Einheitswährung erfüllte. Dieser Entscheidung war die Konvergenzprüfung der Stufe Drei vorausgegangen.

Beide Konvergenzprüfungen wurden von der Europäischen Währungsbehörde und der Europäischen Kommission (Kommission) vorgenommen. Bei der Prüfung des Konvergenzstandes der Stufe Zwei (1998) fungierte als Währungsbehörde das Europäische Währungsinstitut (EWI), während die Prüfung des Konvergenzstandes der Stufe Drei (2000) von der inzwischen gegründeten Europäischen Zentralbank (EZB) durchgeführt wurde. Beide Institutionen, EWI/EZB auf der einen und Kommission auf der anderen Seite, handelten gemäß Artikel 122 Abs. 2 des Vertrags zur Gründung der Europäischen Gemeinschaft (EG-Vertrag), wonach die EZB und die Kommission mindestens einmal alle zwei Jahre bzw. auf Antrag eines Mitgliedstaats, für den eine Ausnahmeregelung gilt, dem Rat berichten, inwieweit die Mitgliedstaaten bei der Verwirklichung der WWU ihren Verpflichtungen nachgekommen sind („Konvergenzbericht").

Der Konvergenzstand der Stufen Zwei und Drei wurde von beiden Institutionen mit Hilfe eines eigenen Analyseschemas mit zeitlicher und inhaltlicher Kontinuität geprüft. Diese Kontinuität beruht auf dem Prinzip der Gleichbehandlung, das bei der Ausarbeitung des Konvergenzberichts 2000 angewandt wurde und impliziert, dass Mitgliedstaaten, für die eine Ausnahmeregelung gilt und die noch nicht den Euro eingeführt haben, - konkret ging es seinerzeit um die Länder Griechenland und Schweden - soweit wie möglich nach den gleichen Methoden und Kriterien geprüft und beurteilt werden wie die EU-Länder, die an der ersten

Konvergenzprüfung 1998 teilgenommen hatten.[1] Manche Konvergenzkriterien mussten allerdings durch die Einführung des Euro in den elf Mitgliedstaaten der ersten Runde anders beurteilt werden. Darunter fällt vor allem das Wechselkurskriterium, dessen Bezugsrahmen, nach Euroeinführung und Übergang von WKM I zu WKM II am 01. Januar 1999, geändert werden musste. Aber auch beim Inflationskriterium wurde eine etwas differenzierte Beurteilung erforderlich, nachdem mit Beginn der Stufe Drei die EZB die gemeinsame Geldpolitik im ursprünglichen Eurogebiet übernommen hatte.[2] Auch die Modifizierungen im Hinblick auf die Anwendung der Maastrichter Kriterien bei der Konvergenzprüfung Griechenlands im Jahr 2000 wurden in dieser Arbeit erfasst.[3] Es gibt Unterschiede zwischen den Analyseschemata der EZB und der Kommission, die jedoch nicht gravierend sind, so dass beide Institutionen zu quasi gleichen Ergebnissen kommen. Die Prüfung des griechischen Konvergenzstandes in dieser Arbeit wurde mit Hilfe der rechtlichen und wirtschaftlichen Konvergenz vorgenommen, wobei die wirtschaftliche Konvergenz mittels der Konvergenzkriterien: Preisentwicklung, finanzpolitische Entwicklung (Schulden- und Defizitquote), Wechselkursentwicklung sowie Entwicklung des langfristigen Zinssatzes analysiert wurde.

Beide Konvergenzprüfungen decken jedoch nicht das gesamte dreijährige Zeitspektrum zwischen 1998 und dem Beitritt Griechenlands in die Eurozone am 01. Januar 2001 ab. Daher werden makroökonomische Indikatoren und andere Werte auch herangezogen, um die Entwicklung der griechischen Volkswirtschaft in der Zwischenzeit aufzuzeigen. Die Lage der griechischen Volkswirtschaft nach der Euroeinführung bis Ende des Jahres 2001 wurde u.a. auch mit Hilfe makroökonomischer Indikatoren dargestellt.

Zeitliche Überlappungen sind bei der Faktendarstellung nicht zu vermeiden, da einerseits die Wirtschaftsentwicklung üblicherweise innerhalb eines vollen Kalenderjahres dargestellt wird und andererseits die Referenzzeiträume der Maastrichter Kriterien innerhalb der jeweiligen Konvergenzprüfung der Stufen

---

1 Vgl. Europäische Zentralbank Konvergenzbericht 2000 der EZB, S. 2 und Bericht der Kommission Konvergenzbericht 2000, Brüssel, den 3. Mai 2000 KOM(2000) 277 endgültig, S. 6.

2 Vgl. Bericht der Kommission 2000, a.a.O., S. 8.

3 Dazu gehört auch die Forderung gemäß Artikel 121 Abs. 1 des EG-Vertrags über die „Entwicklung der ECU". Durch die Einführung des Euro wurde diese Forderung redundant; vgl. ...Konvergenzbericht 2000 der EZB, a.a.O., S. 14 und Bericht der Kommission 2000, a.a.O., S. 7 Fn. 6, S. 8.

Zwei und Drei unterschiedlich sind. Hinzu kommt, dass die sukzessive Harmonisierung der statistischen Methoden der Konvergenzindikatoren in den Neunzigerjahren auch dazu beigetragen hat, dass inhaltsgleiche, sich überlappende Zeitreihen für das gleiche Jahr oft unterschiedliche Werte aufweisen.[1] Auch die Konvergenzberichte der EZB und der Kommission verwenden manchmal unterschiedliche Datenquellen.[2] Abweichende Werte können sich teilweise auch dadurch ergeben, dass die griechischen Konvergenz- und Stabilitätsprogramme, auch die aktualisierten, als wichtige Informationsquelle, jeweils im Dezember vorgelegt werden, zu einem Zeitpunkt also, wo die endgültigen Werte des laufenden Jahres noch nicht vorliegen. Erst mit dem Erscheinen des nächsten (aktualisierten) Konvergenz-/Stabilitätsprogramms werden die Projektionsergebnisse des Vorjahres richtiggestellt. Es erscheint daher notwendig und sinnvoll, für eine bestimmte etwas weiter zurückliegende Zeitspanne in einem bestimmten Bericht[3] die dazugehörige Datenreihensequenz zugrunde zu legen und ökonomisch zu interpretieren. Aus Gründen einer zeitnahen Erfassung der ökonomischen Entwicklungen, wie sie sich im aktualisierten griechischen Stabilitätsprogramm vom Dezember 2001 darstellen, wurden die im Jahresbericht 2000 der EZB letzten vorliegenden makroökonomischen Indikatoren für Griechenland sowie andere Bezugswerte für das Jahr 2000 aktualisiert.[4] Auf diese Weise wurde auch eine Ausgangstabelle für die Perspektiven Griechenlands, vor allem die mittelfristigen, konzipiert.

Auch nach der Euroeinführung in Griechenland 2001 sowie in den ersten Monaten dieses Jahres, in dem der Euro in allen 12 Mitgliedstaaten der WWU gesetzliches Zahlungsmittel wurde, wurde die ökonomische Entwicklung unter Zugrundelegung solcher Indikatoren, soweit vorhanden, dargestellt.

Das Datenmaterial, das bei den Konvergenzprüfungen von 1998 und 2000 von EWI (1998), EZB (2000) und Kommission (1998 und 2000) zugrundegelegt wurde, ist umfangreich und, abgesehen von den erforderlichen statistischen

---

1 Vgl. Anhang I: Statistische Methodologie zu den Konvergenzindikatoren, S. 165.

2 So weicht z.B. die Datenreihe „Leistungsbilanz einschließlich Vermögensübertragungen" im Konvergenzbericht 2000 der EZB teilweise von der gleichen Datenreihe aus dem Konvergenzbericht der Kommission ab. Während die Kommission die Werte den Volkswirtschaftlichen Gesamtrechnungen (ESVG 95) entnimmt, legt die EZB die Zahlungsbilanzstatistiken des griechischen Statistikamtes und der griechischen Zentralbank zugrunde. Vgl. Konvergenzbericht 2000 der EZB, a.a.O., S. 40, Tabelle12, Fn. 1.

3 Der Begriff „Bericht" ist hier allgemein gefasst und beinhaltet sowohl die Konvergenzberichte der EZB und der Kommission als auch die Jahresberichte der EZB.

4 Vgl. Europäische Zentralbank Jahresbericht 2000, S. 85, Tabelle 8.

Anpassungen, von hoher Qualität. Nach der Einführung des Euro in Griechenland am 1.1.2001 stand in den Abhandlungen der EZB und zum Teil auch der Kommission nur der gemeinsame Währungsraum im Vordergrund. Recherchen über verwertbares Datenmaterial konzentrierten sich daher größtenteils auf nationale Quellen, wie z.B. Stabilitätsprogramme, Berichte der Zentralbank von Griechenland, aber auch Prognosen und Stellungnahmen der Kommission, Stellungnahmen des EU-Rats etc.

Ausgehend von den aktuellen Entwicklungen in Griechenland, so wie diese im aktualisierten Stabilitätsprogramm vom Dezember 2001 dokumentiert wurden, können die Perspektiven des Landes dargestellt und beurteilt werden. Die Perspektiven Griechenlands als 12. Mitgliedsland der Wirtschafts- und Währungsunion sind unter der schweren Hypothek einer übermäßig hohen Staatsverschuldung zu sehen, die zwar eine sinkende Tendenz aufweist, aber auch Anlass zur Sorge gibt, ob die Schuldenquote[1] „hinreichend rückläufig ist und sich rasch genug dem Referenzwert nähert"[2] und ob eine Finanzlage erreicht worden ist, die auf Dauer als tragbar bezeichnet werden kann. Der Zeithorizont des griechischen Stabilitätsprogramms reicht bis zum Jahr 2004. Daher können auch die Perspektiven des Landes bis Ende 2004 untersucht und bewertet werden. Längerfristige Perspektiven sind nur im Zusammenhang mit der Rückführung der Schuldenquote auf das Niveau von 60% sowie der demographischen Entwicklung in Griechenland zu sehen. - Ab dem Jahr 2010 ist nämlich mit einer erheblichen Alterung der Bevölkerung zu rechnen, die eine umgehende Reform der sozialen Sicherungssysteme in Griechenland , vor allem im Zusammenhang mit der hohen Schuldenquote, dringend erforderlich macht.

Griechenland ist das erste Land, das in der Stufe Drei Mitglied der WWU wurde. Innerhalb der Europäischen Union sind es die Länder Dänemark, Schweden und Vereinigtes Königreich, die der WWU noch nicht beigetreten sind. Außerhalb der EU gibt es eine Reihe von Ländern, die im Zuge der Osterweiterung Mitglieder der Wirtschafts- und Währungsunion werden können. An alle dieser Länder innerhalb und außerhalb der EU werden die gleichen Beitrittsbedingungen und –kriterien, wie im Fall Griechenland gestellt, bei dem auch die bereits erwähnten Modifizierungen im Hinblick auf die Anwendung der Maastrichter Kriterien bei der Konvergenzprüfung der Stufe Drei berücksichtigt wurden.

---

1 Unter Schuldenquote wird das Verhältnis zwischen dem öffentlichen Schuldenstand und dem Bruttoinlandsprodukt (BIP) zu Marktpreisen verstanden. Vgl. Jahresbericht 2000 der EZB, a.a.O., S. 221.

2 Artikel 104 Abs. 2 des EG-Vertrags; (siehe auch Anhang III, S. 173).

2. Währungsunionen in Griechenland

2.1. Währungsunionen im antiken Griechenland

Die Währungsunion ist keine Erfindung der neuen Zeit. Die Ursprünge von Währungsunionen und Münzvereinigungen reichen vielmehr 2.500 Jahre zurück. Schon in der Antike, so auch in den genannten Währungsbündnissen, wurde die Drachme als Bezeichnung für kleine Münzen erwähnt. Drachme heißt „eine Handvoll", gemeint ist eine Handvoll kleiner Bratspieße. Bevor es Münzen gab, galten in Athen eiserne Bratspieße (griechisch: Obolus) als Tauschmittel. Dieser Begriff ist uns auch überliefert und geläufig und hat die Bedeutung des etymologisch korrekt abgeleiteten kleinen Beitrags.

2.1.1. Der Böotische Bund

Bereits um 520 vor Christus schlossen sich Theben, Tanagra, Heliartos und andere Städte in der Provinz Böotien, im Herzen Griechenlands, zu einem Verteidigungsbündnis zusammen und prägten gemeinsame Münzen. Der böotische Bundesstaat gilt als einer der ältesten Zusammenschlüsse. Seine zentrale Lage in einer der fruchtbarsten Gegenden Griechenlands brachte dem jungen Staat jedoch nicht nur Vorteile. In zahlreichen kriegerischen Auseinandersetzungen wurde Böotien zum klassischen Aufmarsch- und Durchzugsgebiet. Eine erste Bundesorganisation entstand daher auch aus einem Kampfbündnis einiger bis dahin rivalisierenden Poleis[1] gegen die mächtigen Thessalier aus dem Norden.

Das wichtigste Zeugnis dieses Zusammenschlusses sind die geprägten Bundesmünzen. Um die Zusammengehörigkeit der dem Kampfbündnis angehörenden Stadtstaaten zu dokumentieren, wiesen die Bundesmünzen auf der einen Seite das gleiche Bild auf. Auf der Vorderseite trugen nämlich alle diese Münzen eine Abbildung des großen, von einer Ochsenhaut überspannten böotischen Schildes, während sich auf der Rückseite die weiterhin selbständig prägenden Städte

[1] Polis, Mehrzahl Poleis, ist der altgriechische Ausdruck für den autonomen Stadtstaat, der aus einer städtischen Siedlungskonzentration und dem dazugehörenden Umland bestand.

bald durch Initialen zu erkennen gaben. Die Parallelen zu den Euro- und Euro-Cent-Münzen[1] sind unverkennbar.

Der böotische Bund hatte die Perserkriege überdauert; nach der Schlacht von Koroneia (Sieg der Böotier über die Athener) im Jahre 447 v. Chr. kam es jedoch zu einer Neuordnung der Bundesverfassung. Das Bundesgebiet wurde in 11 Kreise eingeteilt, an denen sich die verschiedenen Mitgliederpoleis jeweils mit Rechten und Pflichten angemessen beteiligten. Eine zentrale Rolle während dieser Zeit spielte Theben, das die Münzen des böotischen Bundes prägte und auch die Bundeskasse beherbergte. Im Jahre 386 v. Chr. wurde infolge des sog. Königsfriedens und des damit einhergehenden Autonomiestatus der Poleis der Bund aufgelöst.[2]

Die Vertreibung der spartanischen Garnison aus Theben durch Pelopidas sowie die Teilnahme der Stadt am Attischen Seebund (378-354 v. Chr.) brachte die Loslösung Thebens von Sparta, das diesen Seebund 375 v. Chr. anerkennen musste.[3]

Um diese Zeit (378-375 v. Chr.) konnte der böotische Bund nicht nur wiederentstehen, sondern unter Thebens Dominanz für kurze Zeit zur griechischen Führungsmacht aufsteigen. Theben erlangte auf diese Weise erneut das Monopol der Münzprägung. Die Bundesmünzen dieser Zeit trugen auf der Vorderseite meistens den böotischen Schild, während auf der Rückseite die Initialen thebanischer Beamter geprägt waren. Nach dieser Zeit und trotz der Siege gegen Sparta (Schlacht von Leuktra 371 v. Chr.) schwand sukzessive Thebens Vormachtstellung und damit auch die Bedeutung des Bundes.

Als die Griechen (Athener und Thebaner) in der Schlacht beim westböotischen Ort Chaironeia (338 v. Chr.) von den Makedonen unter Philipp dem II besiegt

---

1 Euro- und Euro-Cent-Münzen wurden und werden von den der Währungsunion angehörenden Staaten geprägt und der Europäischen Zentralbank „verkauft", die sie dann in Umlauf bringt.

2 Der Königsfriede wurde 387/86 v. Chr. auf Initiative Spartas zwischen Persern, Spartanern und Hellenen geschlossen und galt deshalb als erster allgemeiner Friede (KOINH EIPHNH). Er bestätigte im großen und ganzen die Ergebnisse des Peloponnesischen Krieges: Persiens Herrschaft erstreckte sich über die Städte Kleinasiens sowie die Inseln Zypern und Klazomenai. Den Poleis des griechischen Mutterlandes wurde Autonomie zugesprochen, die von Sparta zu überwachen war. Die Autonomieklausel richtete sich insbesondere gegen Athen, dem nur die Inseln Lemnos, Imbros und Skyros blieben.

3 Der Attische Seebund kam als eine Allianz autonomer Städte unter Einschluss Thebens zustande.

wurden und Alexander der Große drei Jahre später (335 v. Chr.) Theben ganz zerstörte,[1] versank auch der böotische Bund in die Bedeutungslosigkeit. Böotien blieb zwar weiterhin als Koinon[2] organisiert, konnte aber seine frühere Bedeutung nicht wieder erlangen.[3]

2.1.2. Der Arkadische Bund

Später entstanden in Griechenland auch andere Währungsbündnisse. Besondere Bedeutung kommt hier dem Arkadischen Bund zu (370 – 324 v.Chr.), da er als Vorbild für die nachfolgenden, wirkungsmächtigeren Bünde der Ätoler und Achaiier fungierte. Im Gegensatz zu den Böotiern waren die Arkader, die in einer Hochgebirgslandschaft auf der Peloponnes lebten, ein altes Volk mit der gleichen Kultur und gemeinsamen Dialekt.

Obwohl schon im 5. Jahrhundert v. Chr. Münzen verschiedener arkadischer Städte mit der Aufschrift APKAΔIKON in Umlauf waren, sind sich die Forscher nicht einig, ob es sich um einen Bund handelte, der auch politisch agierte. Ein Bund in diesem Sinne kann mit Sicherheit erst ab 370 v. Chr. nachgewiesen werden. Ab diesem Zeitpunkt, der Entstehung des arkadischen Bundes mit der etwas später gegründeten neuen Hauptstadt Megalopolis, gewinnt in Griechenland auch Arkadien an Bedeutung.

Die Organisationsform des Arkadischen Bundes war geprägt, a) durch die Primärversammlung aller Vollbürger, als oberstes Organ des Bundes, welche die Bundesbeamten wählte und Entscheidungsbefugnis hatte und b) durch den Bun-

---

1 Als Alexander der Große 335 v. Chr. durch den Korinthischen Bund als Stratege für den Krieg gegen die Perser bestätigt wurde, musste er zunächst einen Aufstand Athens und Thebens niederschlagen.

2 Darunter wird der Zusammenschluss von atomisierten Poleis verstanden.

3 Zum Thema Böotischer Bund vgl.: Wolters, Reinhard: Politische Allianzen und Gemeinschaftsprägungen im antiken Griechenland, in: Geld ohne Grenzen *Der Weg zum Euro: 2500 Jahre Währungsunionen*; (Hrsg. Stadt Frankfurt am Main, Dezernat für Kultur und Freizeit Historisches Museum), Frankfurt/M 1998, S. 11; vgl. auch: Der Brockhaus multimedial 2001 (3 CD-ROMs), Stichwort: Böotien/Böotischer Bund, Königsfriede/Sparta: Königsfrieden, Seebund (Attischer Seebund); vgl. ferner: Heuß, Alfred: Hellas, in: Propyläen Weltgeschichte, Bd. 3: Griechenland - Die hellenistische Welt – (hrsg. Von Golo Mann und Alfred Heuß), Berlin und Frankfurt/M 1986, S. 357-362, 398.

desrat, der repräsentativ zusammengesetzt war und die laufenden Geschäfte führte.

Die Münzprägung erfolgte auch im Namen des Bundes. Die Vorderseite der Münzen zeigt das Bild des Zeus Lykaios, während auf der Rückseite der sitzende Hirtengott Pan und die Aufschrift APK abgebildet sind. Neben der Bundesprägung wurde auch die Prägung durch die Städte betrieben, was darauf hindeutet, dass der arkadische Bund doch nicht stark genug war, um die Partikularinteressen der beteiligten Städte einzudämmen.

Unter maßgeblichem Anteil der arkadischen Städte Tegea und Mantinea vollzog sich 362 v. Chr. die Spaltung des Bundes. Seine Auflösung folgte 324 v. Chr.. Sukzessive traten die meisten Städte des aufgelösten Arkadischen Bundes anderen Bünden bei, wie dem Ätolischen und vor allem dem Achaiischen Bund.[1]

2.1.3. Der Ätolische Bund

Ätolien, eine gebirgige, als besonders rückständig geltende und von krassen Gegensätzen bestimmte Landschaft im westlichen Mittelgriechenland, vom Acheloos durchflossen, gewann an historischer Bedeutung, als sich seine Bewohner, die Ätoler, im Jahre 367 v. Chr. zum Ätolischen Bund zusammenschlossen.

Die Organisationsstruktur des Bundes war ähnlich wie die der anderen Bünde: Die Versammlung der Vollbürger als oberste Instanz war zuständig u.a. für die gemeinsame Außenpolitik. Wahrscheinlich gab es, so wie bei den anderen Bünden auch, einen Bundesrat, der für die laufenden Geschäfte verantwortlich zeichnete. Gemeinsame Münzen brachte der Bund relativ spät heraus (279 v. Chr.). Chronologisch fand die Münzausgabe nach der erfolgreichen Abwehr der eingefallenen Gallier statt. Die Münzprägung erfolgte zentral für den ganzen Bund. Die Motive waren unterschiedlich, als Hauptmotiv wurde die auf den keltischen Beutewaffen sitzende Ätolia benutzt. Der Sieg gegen die Gallier brachte dem Ätolischen Bund Ansehen und trug zu seiner Erweiterung bei, er umfasste jetzt fast das gesamte Mittelgriechenland.

1 Zum Thema Arkadischer Bund vgl.: Wolters, R.: Politische Allianzen ..., a.a.O., S. 12; vgl. auch: Der Brockhaus ..., a.a.O., Stichwort: Arkadien; vgl. ferner: Heuß, A.: Hellas, a.a.O., S. 461 f, 464.

Während des ersten Makedonischen Krieges (215-205 v. Chr.) kämpften die Ätoler als Verbündete der Römer gegen die Makedonen unter Philipp V. Der Ätolische Bund stellte zu dieser Zeit einen nicht zu unterschätzenden Machtfaktor dar, mit dem sich schließlich auch die Römer auseinander zu setzen hatten. Der dritte Makedonische Krieg (171-168 v. Chr.), bei dem die Ätoler an der Seite der Makedonen kämpften, brachte dem Bund eine große Niederlage bei. Der Krieg endete mit der Zerschlagung von Makedonien in vier selbstständige Staaten.[1] Diese Niederlage der Ätoler war offensichtlich auch der Grund für die Einstellung der Münzprägung seitens des Bundes und führte anschließend, innerhalb des Römischen Reiches, zu seiner Reduzierung auf die angestammten Bezirke. Später wurde das Ätolische Koinon Teil der Provinz Achaia.[2]

2.1.4. Der Achaiische Bund

Der Achaiische Bund ist allgemein bekannt als altgriechischer Städtebund gegen Makedonien, zwischen 280 und 146 v. Chr.. Er beherrschte eine Zeit lang die ganze Peloponnes und ging 146 v. Chr. im römischen Weltreich auf. Die Organisationsformen des Achaiischen Bundes sind uns durch die Beschreibungen von Polybios aus dem 2. Jahrhundert v. Chr. gut bekannt.

Die Achaier, Bewohner von Achaia (Nordküste der Peloponnes), haben schon sehr früh gemeinsame politische Strukturen entwickelt. Auch die erste Prägung von Bundesmünzen, die offensichtlich von verschiedenen Münzprägestätten hergestellt wurden, erfolgte bereits im zweiten Drittel des 4. Jahrhunderts v. Chr. Auf der Rückseite trugen die Münzen das Bild des sitzenden Zeus und daneben die Initialen AX für Achaia.

Nachdem die Makedonier die Herrschaft über Griechenland erlangt hatten, wurde der Achaiische Bund in seiner ersten politischen Organisationsform aufgelöst und im Jahr 281/280 v. Chr. erneuert. Die Erneuerung ging mit einer Expansion des Bundes über die ganze Peloponnes einher. Gleichzeitig erfolgte eine Stärkung der repräsentativen Elemente in der Verfassung, so dass auch weit entfernt gelegene Poleis gleichgewichtige Mitsprache- und Mitwirkungsrechte ausüben

---

1 Ab 148 v. Chr. wurde Makedonien zur römischen Provinz.

2 Zum Thema Ätolischer Bund vgl.: Wolters, R.: Politische Allianzen ..., a.a.O., S. 13; vgl. auch: Der Brockhaus ..., a.a.O., Stichwort: Ätolien/Ätolischer Bund; vgl. ferner: Heuß, A.: Hellas, a.a.O., S. 461-464.

konnten. Auf diese Weise konnten Münzen, Maße und Gewichte bundeseinheitlich gestaltet werden. Zwar lag die Münzhoheit beim Bund, die Münzprägung wurde jedoch von den Städten vorgenommen. Auf den Münzen waren das Bild des Zeus auf der Vorderseite und die Initialen AX (für Achaia) auf der Rückseite zu erkennen. Auch nachdem der Achaiische Bund 146 v. Chr. im römischen Reich aufgegangen war, wurden seine Münzen weit bis ins 1. Jahrhundert hinein weiter geprägt.[1]

2.1.5. Der Thessalische Bund

Auch in Thessalien, einer Region im Norden/Nordosten Griechenlands, umgeben von fruchtbaren Ebenen, wurden schon sehr früh Ansätze von Bundesstrukturen erkennbar. So reichen die Anfänge des Thessalischen Bundes bis in das 5. Jahrhundert v. Chr. zurück, als Fragen über auswärtige Beziehungen und Bundesheer von einer gemeinsamen Versammlung entschieden wurden. Etwa zur gleichen Zeit (vor der Mitte des Jahrhunderts) wurde auch eine Bundesmünze herausgebracht, die parallel zu den Münzprägungen der Städte im Umlauf war. Durch den vorherrschenden Landadel konnten sich keine demokratischen Strukturen innerhalb des Bundes entwickeln, ein Umstand, der zeitweilig auch eine Tyrannis hervorbrachte.

Durch die um 360 v. Chr. erfolgte Wiedergründung des Thessalischen Bundes wurde der Bundesversammlung größeres Gewicht zuerkannt. Auch zu dieser Zeit gab es parallel umlaufende Bundes- und Städtemünzen, was u.a. auch auf eine größere Autonomie der Städte gegenüber dem Bund hindeutet.

Unter der Vorherrschaft der Makedonen wurde der nunmehr abhängige Bund erneut reorganisiert. Erst im Anschluss an den zweiten Makedonischen Krieg und die Abtretung der eroberten griechischen Gebiete bildete sich der Thessalische Bund im Jahr 196 v. Chr. zu einem selbständigen und machtvollen Städtebund aus. Die Münzen des Bundes bildeten auf der Vorderseite den Kopf des Zeus von Dodona mit Eichenkranz und auf der Rückseite Athena mit Speer und Schild in Kampfstellung ab.

---

1 Zum Thema Achaiischer Bund vgl.: Wolters, R.: Politische Allianzen ..., a.a.O., S. 14; vgl. auch: Der Brockhaus ..., a.a.O., Stichwort: Achaiischer Bund/Achaier; vgl. ferner: Heuß, A.: Hellas, a.a.O., S. 462-465.

Der Thessalische Bund wurde 146 v. Chr. nicht aufgelöst, sondern bestand auch noch nachdem Thessalien Teil der Provinz Achaia geworden war, bis Ende des 1. Jahrhunderts v.Chr., weiter.[1]

2.2. Währungsunionen im modernen Griechenland

Im modernen Griechenland gab es eine eigenständige Währung nach der Befreiung von den Türken in den zwanziger Jahren des 19. Jahrhunderts. Oberhaupt Kapodistrias führte 1831 die neugriechische Währung ein und nannte deren Einheit nach dem antiken Vorbild „Drachme".

Die nicht besonders erfolgreiche Geschichte der Währungseinheit des damals noch jungen und unerfahrenen Landes wurde für eine Zeitlang unterbrochen, als im Jahre 1868 europaweites, gleichwertiges Silbergeld der sog. Lateinischen Münzunion auch nach Griechenland kam. Die Währung dieses Münzbundes, der Franken, verdrängte zeitweise die inflationsgeplagte Drachme und der Begriff „Franken" ist bis heute in Griechenland ein Synonym für „gutes Geld".

Der Vertrag über die Lateinische Münzunion, die französische „Convention Monétaire", wurde 1865 in Paris zwischen Frankreich, Belgien, Italien und der Schweiz geschlossen und hatte als Gegenstand die einheitliche Prägung von Gold- und Silbermünzen. Griechenland trat der Münzunion 1868 bei. Die Lateinische Münzunion, die den ersten Versuch eines einheitlichen Währungssystems darstellt, erlosch 1927.[2]

---

1 Zum Thema Thessalischer Bund vgl.: Wolters, R.: Politische Allianzen ..., a.a.O., S. 15; vgl. auch: Heuß, A.: Hellas, a.a.O., S. 406, 462, 487.

2 Vgl. Berger, Frank.: Die Münzverträge und Münzvereinigungen des 19. Jahrhunderts. Die Lateinische Münzunion, in: Geld ohne Grenzen ... a.a.O., S. 81-83; vgl. auch: Der Brockhaus ..., a.a.O., Stichwort: Lateinische Münzunion.

3. Die Entwicklung der heutigen Europäischen Wirtschafts- und Währungsunion im Überblick

3.1. Die drei Stufen der WWU

Bekanntlich wurde die heutige Wirtschafts- und Währungsunion in drei Stufen verwirklicht. Ihre Vollendung dauerte 8 ½ Jahre:

Die *erste Stufe* begann am 1. Juli 1990 und endete am 31. Dezember 1993. In dieser Zeit wurde der Kapitalverkehr zwischen den EU-Staaten sukzessive liberalisiert, bis zur völligen Beseitigung von Beschränkungen bei Ein- und Ausfuhr. Für vier der damals 12 Länder der Europäischen Union, darunter auch Griechenland, wurden jedoch Ausnahmeregelungen bis Ende 1995 erlassen.

Während der ersten Stufe begannen die EU-Mitgliedsländer mit ihrer Konvergenzpolitik, d.h. sie verfolgten gemeinsame wirtschafts- und währungspolitische Ziele, um ihre Volkswirtschaften entwicklungsmäßig einander näher zu bringen. Vor dem Beginn der ersten Stufe war die Wirtschaftspolitik der Mitgliedsländer durch Kohärenz geprägt, d.h. die EU- Staaten erkannten an, dass ihre Wirtschaftspolitik und ihre wirtschaftlichen Interessen nicht gegeneinander laufen durften, sondern einem inneren und quasi gesetzmäßigen Zusammenhang unterlagen, eben der Kohärenz.

So war die erste Stufe der WWU gleichzeitig der Übergang von der Kohärenz zur Konvergenz.

Die *zweite Stufe* der Wirtschafts- und Währungsunion begann am 1. Januar 1994 und endete am 31.12.1998.

Gleich zu Beginn der zweiten Stufe, also am 1.Januar 1994 wurde das Europäische Währungsinstitut (EWI) als Vorläufer der Europäischen Zentralbank (EZB) in Frankfurt am Main gegründet. Das Europäische Währungsinstitut hatte u.a. die Aufgabe, Gründung und Aufbau der EZB organisatorisch vorzubereiten sowie die Vorarbeiten für die Ausgabe der Euro-Banknoten zu erledigen.

Während der zweiten Stufe mussten sich alle EU-Staaten bemühen, die Bedingungen für die Aufnahme in die Währungsunion zu erfüllen.

Vom 1. Mai bis zum 3. Mai 1998 gab der Rat der EU, nach Vorlage der Konvergenzberichte des Europäischen Währungsinstituts und der Kommission, den 11 Mitgliedsländern Belgien, Deutschland, Finnland, Frankreich, Irland, Italien Luxemburg, Niederlande, Österreich, Spanien und Portugal die Empfehlung, den Beitritt in die Währungsunion zu vollziehen und ab dem 1. Januar 1999 die gemeinsame Währung, „Euro", einzuführen.[1] Der Rat stellte ferner fest, dass Griechenland und Schweden zu diesem Zeitpunkt die Bedingungen für die Einführung des Euro noch nicht erfüllten; Griechenland, weil es sämtliche Konvergenzkriterien verfehlt hatte und Schweden, weil es das Kriterium einer mindestens zweijährigen Teilnahme am EWS-Wechselkursmechanismus nicht eingehalten hatte.

Die Länder Großbritannien und Dänemark hatten erklärt, nicht mit Wirkung vom 1.1.1999 an der Wirtschafts- und Währungsunion teilnehmen zu wollen. Ungeachtet dessen, wurde auch bei diesen beiden Ländern sowohl vom EWI als auch von der Kommission eine Prüfung der Konvergenzlage vorgenommen, die jedoch nicht obligatorisch war.

Während der zweiten Stufe der Wirtschafts- und Währungsunion wurden die EU-Länder angehalten, nach dem Vorbild der Bundesbank, die Satzungen ihrer

---

1 Der Stabilitäts– und Wachstumspakt umfasst zwei Verordnungen und eine Entschließung des Rates: a) die Verordnung (EG) Nr. 1466/97 des Rates vom 7. Juli 1997 über Ausbau der haushaltspolitischen Überwachung und der Überwachung und Koordinierung der Wirtschaftspolitiken, b) die Verordnung (EG) Nr. 1467/97 des Rates vom 7. Juli 1997 über die Beschleunigung und Klärung des Verfahrens bei einem übermäßigen Defizit sowie c) die Entschließung des Europäischen Rates über den Stabilitäts– und Wachstumspakt. Die Verordnung (EG) Nr. 1466/97 des Rates trat bereits am 1. Juli 1998 in Kraft, während der übrige Teil des Pakts zum 1. Januar 1999 wirksam wurde. Vgl. Haushaltsüberwachung in der WWU –Die neuen Stabilitäts- und Konvergenzprogramme, in: Europäische Wirtschaft, Beiheft A, Nr. 3 – März 1999, S 2 Fn.1 und 4. Nach dem Stabilitäts- und Wachstumspakt sind alle EU-Länder verpflichtet, dem Ecofin-Rat und der Europäischen Kommission mehrjährige Stabilitätsprogramme (EWU-Länder) beziehungsweise Konvergenzprogramme (übrige EU-Länder) vorzulegen und sie jährlich zu aktualisieren. In diesen Programmen wird detailliert die mittelfristige Finanzpolitik der Mitgliedstaaten beschrieben, so dass der Rat auf dieser Grundlage, sein Urteil darüber abgeben kann, ob Haushaltsentwicklung und -planung der einzelnen Mitgliedsländer mit den Anforderungen des Stabilitäts- und Wachstumspakts vereinbar sind. Vgl. auch Geschäftsbericht 2000 der Bundesbank, S. 101ff.

Zentralbanken so zu ändern, dass diese unabhängig werden, d.h. in erster Linie nicht an Weisungen der Regierungen gebunden sind. Eng damit war auch die Forderung verbunden, die Kreditgewährung der Zentralbanken an die öffentlichen Haushalte einzustellen.

Die 1928 gegründete griechische Zentralbank, Bank of Greece / Bank von Griechenland, wurde Ende 1997 unabhängig und betrieb bis zum 31.12.2000 ihre Geld- und Währungspolitik sowie die Bankenaufsicht autonom.

Seit dem 01.01.2001 gehört die Bank von Griechenland dem Eurosystem an.[1] Im Statut der Zentralbank lautet der erste Satz des ersten Artikels: „Das oberste Ziel der Bank von Griechenland ist, die Preisstabilität zu gewährleisten". Im Artikel drei wird festgelegt, dass weder die Bank als solche noch ihre Mitglieder Weisungen der Regierung entgegennehmen dürfen.[2]

Die *dritte* und letzte *Stufe* der Währungsunion begann am 1. Januar 1999. Die Europäische Zentralbank in Frankfurt übernahm zum Jahresbeginn 1999, in Zusammenarbeit mit den Zentralbanken der an der Währungsunion teilnehmenden Länder, als sog. Eurosystem die Verantwortung für die gemeinsame Geldpolitik. Die Umrechnungskurse der Währungen der Mitgliedstaaten, die den Euro eingeführt haben, untereinander wurden rechtlich verbindlich festgelegt, ebenso der Umrechnungskurs zum Euro.[3]

1 Zur Zeit gehören dem Eurosystem 12 Zentralbanken an (12. Mitglied: Bank von Griechenland). Außerhalb des Eurosystems befinden sich noch die Zentralbanken Dänemarks, Großbritanniens und Schwedens. Im Europäischen System der Zentralbanken (ESZB) sind jedoch die Zentralbanken aller 15 EU-Mitgliedstaaten vertreten. Siehe auch Ausführungen zur dritten Stufe der WWU, S. 27 ff dieser Arbeit

2 Siehe auch Punkt 4.1.2., S. 43 ff.

3 Der Euro ist zwar eine eigenständige Währung, wurde aber zunächst nur für bargeldlose Geschäfte verwendet. Euro-Bargeld, d.h. Banknoten und Euro-Cent-Münzen gibt es erst ab dem 01.01. 2002. Mit Beginn der Währungsunion am 1. Januar 1999 endete das 1979 eingeführte alte EWS. Die ECU wurde dann im Verhältnis 1:1 auf Euro umgestellt.

3.2. Die Konvergenzkriterien (Kriterien von Maastricht) und deren Anwendung

Bei den Konvergenzkriterien handelt es sich um Voraussetzungen des Maastrichter Vertrags, die im Artikel 121 des EG-Vertrags (Artikel 109 j Abs. 1 des EG-Vertrags vor dem 1. Mai 1999) kodifiziert wurden.[1] Diese Bedingungen stellen vor allem drei Forderungen an die wirtschaftliche Entwicklung (monetäre Kriterien), nämlich:

niedrige Inflationsrate (Preisentwicklung)

stabile Wechselkurse (Wechselkursentwicklung)

niedrige Zinsen (Entwicklung des langfristigen Zinssatzes)

und eine Forderung an die Haushaltspolitik der Bewerberländer (fiskalisches Kriterium):

solide Staatsfinanzen (Finanzpolitische Entwicklung)

Für diese Forderungen wurden in einem Protokoll zum Maastrichter-Vertrag (Protokoll Nr. 6) Grenz- bzw. Referenzwerte festgelegt.[2]

Erfüllt ein Land im Jahr vor der Entscheidung über seinen Eintritt in die WWU diese Werte nachhaltig, so gilt es als konvergent in der wirtschaftlichen Entwicklung und solide in der Haushaltspolitik. Daher werden diese Forderungen auch „Konvergenzkriterien" genannt.

Um die Nachhaltigkeit der Entwicklung im Hinblick auf die Kriterien von Maastricht beurteilen zu können, werden in den Konvergenzberichten von EWI, EZB und Kommission von jedem Konvergenzkriterium die explizit definierten

---

1 Mit Inkrafttreten des Vertrags von Amsterdam am 1. Mai 1999 änderte sich die Nummerierung der Vertragsartikel. Soweit nicht anders angegeben, versteht sich der Verweis auf den EG-Vertrag als Verweis auf den Vertrag zur Gründung der Europäischen Gemeinschaft.

2 Die monetären Kriterien und das fiskalische Kriterium bilden den Prüfungsgegenstand der wirtschaftlichen Konvergenz, der dem der rechtlichen Konvergenz gegenübergestellt wird.

Werte des jeweiligen Referenzzeitraums mit denen der Neunzigerjahre verglichen. Dabei wird untersucht,

- ob das jeweilige wirtschaftspolitische Instrumentarium eines jeden zu prüfenden Landes primär und konsequent zur Verfolgung des angepeilten Ziels eingesetzt wurde,
- wie das gesamtwirtschaftliche Umfeld dieses Ziel beeinflusst hat und
- welche spezifischen Faktoren auf das konkrete Ziel einwirken.

3.2.1. Preisentwicklung

Gemäß Artikel 121 Abs. 1 erster Gedankenstrich des EG-Vertrags wird die „Erreichung eines hohen Grades an Preisstabilität, ersichtlich aus einer Inflationsrate, die der Inflationsrate jener - höchstens drei - Mitgliedstaaten nahe kommt, die auf dem Gebiet der Preisstabilität das beste Ergebnis erzielt haben.“ gefordert.

Artikel 1 des Protokolls Nr.6 über die Konvergenzkriterien, das im Artikel 121 des EG-Vertrags erwähnt wird, legt fest:

„Das in Artikel 121 Abs. 1 erster Gedankenstrich dieses Vertrags genannte Kriterium der Preisstabilität bedeutet, dass ein Mitgliedstaat eine anhaltende Preisstabilität und eine während des letzten Jahres vor der Prüfung gemessene durchschnittliche Inflationsrate aufweisen muss, die um nicht mehr als 1 ½ Prozentpunkte über der Inflationsrate jener - höchstens drei - Mitgliedstaaten liegt, die auf dem Gebiet der Preisstabilität das beste Ergebnis erzielt haben. Die Inflation wird anhand des Verbraucherpreisindex auf vergleichbarer Grundlage unter Berücksichtigung der unterschiedlichen Definitionen in den einzelnen Mitgliedstaaten gemessen.“

Die weitgehend einheitliche Anwendung der Vertragsbestimmungen durch EWI, EZB und Kommission sieht vor, dass nach diesem Kriterium,

a) die „während des letzten Jahres vor der Prüfung gemessene durchschnittliche Inflationsrate“ mit Hilfe des letzten zur Verfügung stehenden Zwölfmonatsdurchschnitts des Harmonisierten Verbraucherpreisindex (HVPI) gegenüber dem Zwölfmonatsdurchschnitt der Vorperiode berechnet wird.

b) Bei der Berechnung des Referenzwerts der Protokollvorgabe „höchstens drei - Mitgliedstaaten [...], die auf dem Gebiet der Preisstabilität das beste Ergebnis erzielt haben“ dahingehend Rechnung getragen wird, dass das ungewogene arithmetische Mittel der Inflationsraten in den drei preisstabilsten Ländern zugrundegelegt wird. [1]

Die Nachhaltigkeit der Preisentwicklung wird in den Konvergenzberichten zunächst durch einen Vergleich zwischen der am HVPI gemessenen, durchschnittlichen Inflationsrate des zwölfmonatigen Referenzzeitraums und der Preisentwicklung in den Neunzigerjahren untersucht. Bei diesem Vergleich wird weiterhin eingehend untersucht,

- ob der geldpolitische Kurs der jeweiligen nationalen Zentralbank primär und konsequent zur Verfolgung des Ziels der Preisniveaustabilität eingesetzt wurde und wie die anderen Bereiche der Wirtschaftspolitik zur Erreichung dieses Ziels beigetragen haben,

- wie das gesamtwirtschaftliche Umfeld das Ziel der Preisniveaustabilität beeinflusst hat, wobei Angebots- und Nachfragebedingungen als Komponenten der Preisentwicklung zugrundegelegt und deren wichtigsten Bestimmungsfaktoren, wie z.B. Lohnkosten, Importpreise etc. analysiert werden und schließlich

- wie sich andere Preisindikatoren, wie z.B. der nationale Verbraucherpreisindex (VPI), der BIP-Deflator, der Deflator für den privaten Verbrauch, die Erzeugerpreise etc. entwickelt haben.

3.2.2. Finanzpolitische Entwicklung

Gemäß Artikel 121 Abs. 1 zweiter Gedankenstrich des EG-Vertrags wird „eine auf Dauer tragbare Finanzlage der öffentlichen Hand, ersichtlich aus einer öffentlichen Haushaltslage ohne übermäßiges Defizit im Sinne des Artikels 104 Absatz 6“, gefordert. Laut Artikel 2 des Protokolls Nr.6 wird dieses Kriterium dahingehend interpretiert, „dass zum Zeitpunkt der Prüfung keine Ratsentscheidung nach Artikel 104 Absatz 6 dieses Vertrags vorliegt, wonach in dem

---

1 Im EWI-Konvergenzbericht (1998) wurde noch die Voraussetzung hinzugefügt, dass diese Inflationsraten mit dem Ziel der Preisstabilität kompatibel sein und keine Ausnahmewerte innerhalb des Spektrums darstellen sollen. Vgl. Europäisches Währungsinstitut Konvergenzbericht, März 1998, S. 6/7.

betreffenden Mitgliedstaat ein übermäßiges Defizit besteht." Liegt ein übermäßiges Defizit vor, so bestimmt Artikel 104 des EG-Vertrags die Verfahrensweise. Erfüllt ein Mitgliedstaat die Anforderungen an die Haushaltsdisziplin nicht, dann erstellt die Kommission gemäß Artikel 104 Abs. 2 und 3 einen Bericht. Die Nichterfüllung dieser Anforderungen liegt besonders dann vor, wenn

a) die Defizitquote (Verhältnis des geplanten oder tatsächlichen öffentlichen Defizits zum Bruttoinlandsprodukt) 3 % des BIP überschreitet - dieser Referenzwert ist im Protokoll festgelegt -, es sei denn, dass

   - entweder die Defizitquote erheblich und laufend zurückgegangen ist und einen Wert nahe der Referenzgröße von 3% erreicht hat,

   - oder der Referenzwert nur ausnahmsweise und vorübergehend überschritten wird und die Defizitquote in der Nähe des Referenzwerts bleibt;

b) die Schuldenquote (Verhältnis des öffentlichen Schuldenstands zum BIP) 60 % des BIP überschreitet (auch dieser Referenzwert ist im Protokoll festgelegt), es sei denn, dass dieses Verhältnis hinreichend rückläufig ist und sich rasch genug der Referenzgröße von 60% nähert.

Auf diese Weise überprüft das fiskalische Kriterium mit Hilfe von Defizit- und Schuldenquote die Haushaltsdisziplin des Bewerberlandes im Hinblick auf Neu- und Gesamtverschuldung.

Im Bericht der Kommission wird außerdem berücksichtigt, ob nach Artikel 104 Abs. 3 das öffentliche Defizit die öffentlichen Investitionsausgaben übersteigt. Darüber hinaus werden alle sonstigen relevanten Faktoren, wie z.B. die mittelfristige Wirtschafts- und Haushaltslage des EU-Mitgliedslandes berücksichtigt. Einen Bericht kann die Europäische Kommission auch dann erstellen, wenn sie trotz Erfüllung der Kriterien durch einen Mitgliedstaat der Meinung ist, dass in diesem Land ein übermäßiges Defizit zu entstehen droht. Zum Kommissionsbericht gibt dann der Wirtschafts- und Finanzausschuss seine Stellungnahme ab (Artikel 114 des EG-Vertrags). Schließlich entscheidet nach Artikel 104 Abs. 6 der EU-Rat mit qualifizierter Mehrheit auf Empfehlung der Kommission und nach Beurteilung der Gesamtlage, ob in einem Mitgliedsland ein übermäßiges Defizit besteht.

Die Nachhaltigkeit der finanzpolitischen Entwicklung jedes Bewerberlandes wird durch EZB und Kommission geprüft und kommentiert. Besonderer Wert wird auch darauf gelegt, die Verbindungen zwischen Schulden- und Defizitentwicklung aufzuzeigen.

Die Einhaltung der Vertragsbestimmungen, dass bei einer Schuldenquote von mehr als 60% des BIP diese „hinreichend rückläufig“ und „sich rasch genug dem Referenzwert“ nähern muss, wird durch Untersuchungen über frühere und gegenwärtige Entwicklungen sowie Berechnungen geprüft.[1]

Für Länder, deren Schuldenquote 100% des BIP übersteigt, werden die genannten Berechnungen dahingehend erweitert, dass alternative Gesamtfinanzierungs- bzw. Primärsalden ermittelt werden, damit die Schuldenquote, ausgehend vom Referenzjahr für die finanzpolitische Entwicklung, in fünf, zehn bzw. fünfzehn Jahren auf den Referenzwert von 60% des BIP reduziert werden kann.

Die Frage, inwiefern die finanzpolitische Entwicklung auf Dauer tragfähig ist, wird anhand eines Vergleichs der Ergebnisse des Referenzjahres mit den Entwicklungen in den Neunzigerjahren untersucht. Diese ex post Untersuchung, die sich vor allem auf die Kennzahlen Schulden- und Defizitquote erstreckt, erfolgt mit Hilfe der Bestimmungsfaktoren für die Entwicklung der beiden Quoten.

Als Bestimmungsfaktoren für die Entwicklung der Schuldenquote werden untersucht:

- o das Wachstum/Zins-Differential, d.h. die Differenz zwischen der jährlichen Wachstumsrate des nominalen BIP und der durchschnittlichen Nominalverzinsung des bestehenden öffentlichen Schuldenstandes („wachstumsbereinigter effektiver Zinssatz“).
- o der Primärsaldo, d.h. die Differenz zwischen Finanzierungsüberschuss oder –defizit des Staates und Zinsausgaben auf den bestehenden Schuldenstand des Gesamtstaates sowie
- o Schuldenbestandsänderungen („deficit-debt adjustments), d.h. Vorgänge, die eine Veränderung der Schuldenquote bewirken und nicht in der Defi-

1 So knüpft z.B. die EZB in ihrem Konvergenzbericht 2000 an das Analyseschema des EWI, das im Konvergenzbericht 1998 entwickelt wurde, an. Vgl. Konvergenzbericht 2000 der EZB., a.a.O., S. 2.

zitquote erfasst werden. Allgemein kann es sich dabei um Wertveränderungen von Fremdwährungsverbindlichkeiten, Veränderungen des Nettobestandes an Finanzvermögen und sonstige statistische Veränderungen handeln.

Die Entwicklung der Defizitquote wird anhand von Bestimmungsfaktoren untersucht, die man einteilen kann, in

1) konjunkturelle Faktoren, bei denen der Haushaltssaldo des Staates durch Veränderungen der Produktionslücke[1] (durch Konjunkturschwankungen hervorgerufen) beeinflusst wird.

2) nicht-konjunkturelle Faktoren, die ebenfalls für Veränderungen der Finanzlage des Staates sorgen und verschiedene Faktoren und Maßnahmen subsumieren, die aufgrund ihrer zeitlichen Komponente unterschiedlich auf die Finanzlage des Staatssektors einwirken. Sie können ausschließlich struktureller oder nachhaltiger Natur sein, können aber auch teilweise Elemente enthalten, die nur kurzfristig und daher begrenzt auf den Haushaltssaldo wirken. Letztere lassen sich einteilen in

   - Maßnahmen mit einmaliger Wirkung: Es handelt sich hierbei um Maßnahmen oder sonstige Faktoren, die die Haushaltsage lediglich in einem Jahr verbessern, so dass im darauffolgenden Jahr Ausgleichsmaßnahmen erforderlich werden.

   - sich selbst umkehrende Maßnahmen: Es sind Maßnahmen, die gleichermaßen kurzfristig wirken, darüber hinaus jedoch, in späteren Jahren, zu zusätzlichen Kreditaufnahmen führen. Der öffentliche Haushalt wird auf diese Weise zunächst entlastet, später allerdings zusätzlich belastet.

---

1 Die Produktionslücke wird definiert als Differenz zwischen tatsächlichem und potentiellem Produktionsniveau einer Volkswirtschaft. Diese Differenz wird in Prozent des Produktionspotentials gemessen. Das Produktionspotential seinerseits wird auf der Grundlage des Trendwachstums der Wirtschaft, das von der Europäischen Kommission geschätzt wird, gemessen. Ist die Produktionslücke positiv (negativ), dann bedeutet das, dass die tatsächliche Produktion über (unter) dem Trend bzw. dem potentiellen Produktionsniveau liegt. Eine solche Konstellation kann somit Inflationsdruck hervorrufen (verhindern). Vgl. EWI-Konvergenzbericht 1998, a.a.O., S. 381.

Im Zusammenhang mit der Entwicklung des Haushaltsdefizits/-überschusses aber auch des Primärsaldos werden intertemporär auch Einnahmen und Ausgaben des Staates untersucht und hier große Bereiche herausgestellt, auf die sich eventuelle Konsolidierungsmaßnahmen konzentrieren müssen.

Nicht nur ex-post, sondern auch ex-ante werden die Entwicklungen untersucht. Grundlagen für die voraussichtliche Entwicklung sind Haushaltspläne, aktuelle Prognosen sowie die aus den Konvergenzprogrammen abzuleitende mittelfristige finanzpolitische Strategie. Die Berechnungen, die mit Hilfe dieser Grundlagen angestellt werden betreffen die Verbindung von Defizit und Schuldenquote hinsichtlich ihrer voraussichtlichen Entwicklung sowie die Verbindung von Defizit und der aus dem Stabilitäts- und Wachstumspakt hervorgehenden Formulierung eines nahezu ausgeglichenen oder einen Überschuss ausweisenden Haushalts.

Die dauerhafte Tragfähigkeit der öffentlichen Haushalte wird vor allem anhand der Herausforderungen untersucht, die ein umlagefinanziertes Altersversorgungssystem in Verbindung mit demographischen Veränderungen mit sich bringt.

Die Dauerhaftigkeit impliziert, dass, damit der Euro stabil bleibt, die Einhaltung der Haushaltsdisziplin durch die nationale Finanzpolitik nicht nur einmal vor dem Eintritt in die Währungsunion, sondern auch nach dem Beginn derselben jährlich geprüft wird.[1] Dafür sorgt der Stabilitätspakt von 1997, der bei Verstößen erhebliche Strafen vorsieht.

3.2.3. Wechselkursentwicklung

Gemäß Artikel 121 Abs. 1 dritter Gedankenstrich des EG-Vertrags wird die „Einhaltung der normalen Bandbreiten des Wechselkursmechanismus des Europäischen Währungssystems seit mindestens zwei Jahren ohne Abwertung gegenüber der Währung eines anderen Mitgliedstaats“ gefordert. Artikel 3 des Protokolls Nr. 6 über die Konvergenzkriterien konkretisiert den Artikel 121 Abs. 1 des EG-Vertrags folgendermaßen: „Das in Artikel 121 Absatz 1 dritter Gedankenstrich dieses Vertrags genannte Kriterium der Teilnahme am Wechselkursmechanismus des Europäischen Währungssystems bedeutet, dass

1 Für die Stabilität einer Gemeinschaftswährung ohne politische Union sind nicht nur die Geldpolitik der Zentralbank des Währungsgebietes und das allgemeine Vertrauen in diese Währung, sondern auch die national betriebene Finanzpolitik maßgeblich.

ein Mitgliedstaat die im Rahmen des Wechselkursmechanismus des Europäischen Währungssystems vorgesehenen normalen Bandbreiten zumindest in den letzten zwei Jahren vor der Prüfung ohne starke Spannungen eingehalten haben muss. Insbesondere darf er den bilateralen Leitkurs seiner Währung innerhalb des gleichen Zeitraums gegenüber der Währung eines anderen Mitgliedstaats nicht von sich aus abgewertet haben."

Hinsichtlich der weitgehend einheitlichen Anwendung der Vertragsbestimmungen durch EWI und Kommission in der zweiten WWU-Stufe (Konvergenzprüfung von März 1998) sowie durch EZB und Kommission in der dritten WWU-Stufe (Konvergenzprüfung von März 1998) muss zunächst festgehalten werden, dass der im EG-Vertrag genannte Wechselkursmechanismus (WKM) des Europäischen Währungssystems zwei Ausprägungen aufweist: Den im Konvergenzbericht 1998 (zweite WWU-Stufe) von EWI und Kommission zugrundegelegten WKM (bis Dezember 1998) und den im Konvergenzbericht 2000 (dritte WWU-Stufe) von EZB und Kommission zugrundegelegten WKM II (ab Januar 1999). Es handelt sich also um unterschiedliche Wechselkursmechanismen, die Gemeinsamkeiten und Unterschiede aufweisen.[1] Die einheitliche Anwendung erstreckt sich auf die Konkretisierung folgender Formulierungen von EG-Vertrag und Protokoll:

1) Es wird untersucht, ob das betreffende Mitgliedsland „zumindest in den letzten zwei Jahren vor der Prüfung" am Wechselkursmechanismus (WKM oder WKM II) teilgenommen hat.

2) Die Festlegung der „normalen Breiten" ist nicht eindeutig. Dies hängt damit zusammen, dass im August 1993 die normalen Bandbreiten des EWS-Wechselkursmechanismus (WKM) von ± 2,25% der bilateralen Leitkurse (in Ausnahmefällen ± 6%) auf ± 15% ausgeweitet wurden. Die Anwendung des Wechselkurskriteriums in der zweiten WWU-Stufe (Konvergenzprüfung von März 1998) wurde auf diese Weise schwieriger: Die Kommission hat diese Unsicherheit mit Hilfe des Median-Währungsansatzes zu überwinden versucht,[2] während EWI und EZB auf die Stellungnahme des EWI-Rats vom Oktober 1994 sowie dessen Erklärungen im Bericht über Fortschritte auf dem Wege zur Konvergenz („Progress towards convergence") vom November 1995 verweisen. In der

1 Siehe hierzu Anhang II, S 171.

2 Unter Median-Währung im WKM wird die Währung verstanden, die beim Wechselkurs-Fixing am jeweiligen Tag ihrem Leitkurs gegenüber der ECU am nächsten kommt. Vgl. Bericht der Kommission 2000, S. 26, Fn. 14.

Stellungnahme des EWI-Rats vom Oktober 1994 wurde der Beitrag des erweiterten Bandes hervorgehoben, „einen dauerhaften Grad an Wechselkurskursstabilität im Wechselkursmechanismus zu erreichen". Der EWI-Rat erachtete für „ratsam", „die gegenwärtigen Vereinbarungen beizubehalten" und gab die Empfehlung an die Mitgliedsländer, „weiterhin auf die Vermeidung starker Wechselkursschwankungen zu achten, indem sie ihre Politik auf die Erreichung von Preisstabilität und die Verringerung der Haushaltsdefizite richten und auf diese Weise zur Erfüllung der in Artikel 109 j Abs. 1 des Vertrags und dem dazugehörigen Protokoll genannten Kriterien beitragen." Im Bericht vom November 1995 wurde der Status der „normalen Breiten" vor und nach August 1993, wie oben dargestellt, erläutert und angeregt, der Wechselkursentwicklung im EWS nach 1993 dadurch Rechnung zu tragen, dass diese nachträglich beurteilt wird. Daher sollte besonders darauf geachtet werden, ob die Wechsel- und Leitkursbewegungen innerhalb des WKM bzw. WKM II nah beieinander liegen.

Innerhalb des WKM II besteht für die zu prüfenden Länder selbstverständlich auch die Möglichkeit, engere Bandbreiten als die von ± 15% zu wählen, um auf diese Weise Konvergenzfortschritte vorweisen zu können. Eine Verpflichtung hierzu besteht jedoch nicht. So hat Griechenland trotz der Konvergenzfortschritte die Euro-Einführung beantragt, ohne die Standardbandbreite für die GRD von ± 15% reduzieren zu müssen.

3) Ob die normalen Bandbreiten „ohne starke Spannungen" in der vorgegebenen Zeit eingehalten werden können, wird innerhalb des WKM festgestellt, indem die Abweichung der Wechselkurse der teilnehmenden Währungen gegenüber den Leitkursen des WKM untersucht wird. Innerhalb des WKM II wird analog die Abweichung der Leitkurse des WKM II gegenüber dem Euro untersucht. Bei dieser Untersuchung werden Indikatoren, wie die Entwicklung der Differenz der kurzfristigen Zinssätze gegenüber der Ländergruppe mit den niedrigsten Geldmarktsätzen herangezogen. Darüber hinaus wird auch der Einfluss von Interventionen auf den Devisenmärkten untersucht.

Die Dauerhaftigkeit der aktuellen Wechselkurse wird auch anhand verschiedener Indikatoren geprüft, z.B., wie hat sich der reale Wechselkurs des betreffenden Landes gegenüber wichtigen Handelspartnern entwickelt; wie sieht seine Leistungsbilanz aus, etc.

3.2.4. Entwicklung des langfristigen Zinssatzes

Gemäß Artikel 121 Abs. 1 vierter Gedankenstrich des EG-Vertrags wird die „Dauerhaftigkeit der von dem Mitgliedstaat erreichten Konvergenz und seiner Teilnahme am Wechselkursmechanismus des Europäischen Währungssystems, die im Niveau der langfristigen Zinssätze zum Ausdruck kommt“ gefordert.

Die Interpretation dieses Artikels erfolgt in Artikel 4 des Protokolls über die Konvergenzkriterien:

„Das in Artikel 121 Absatz 1 vierter Gedankenstrich dieses Vertrags genannte Kriterium der Konvergenz der Zinssätze bedeutet, dass im Verlauf von einem Jahr vor der Prüfung in einem Mitgliedstaat der durchschnittliche langfristige Nominalzinssatz um nicht mehr als 2 Prozentpunkte über dem entsprechenden Satz in jenen - höchstens drei Mitgliedstaaten liegt, die auf dem Gebiet der Preisstabilität das beste Ergebnis erzielt haben. Die Zinssätze werden anhand langfristiger Staatsschuldverschreibungen oder vergleichbarer Wertpapiere unter Berücksichtigung der unterschiedlichen Definitionen in den einzelnen Mitgliedstaaten gemessen.“

Der Grundgedanke bei der Aufstellung dieses Kriteriums liegt darin, dass niedrige langfristige Zinsen (für Anlagen und für Kredite) ein Zeichen dafür sind, dass die wirtschaftliche Entwicklung insgesamt dauerhaft stabil ist. Sie fördern die Investitionsbereitschaft, sei es für den Bau von Eigenheimen oder Fabriken, sei es für den Erwerb von Maschinen oder anderen Gütern.

Für die Anwendung dieses Kriteriums ist zunächst die Konkretisierung folgender Vorgaben von EG-Vertrag und Protokoll erforderlich:

1. Der „durchschnittliche langfristige Nominalzinssatz“ innerhalb des vorgegebenen Zeitraums (ein Jahr vor der Prüfung) wird ermittelt, indem das arithmetische Mittel der langfristigen Zinssätze der letzten 12 Monate, für die HVPI-Werte vorlagen, zugrundegelegt wird.

2. Der Referenzwert lässt sich aus der Protokollvorgabe ableiten, dass „der durchschnittliche langfristige Nominalzinssatz um nicht mehr als 2 Prozentpunkte über dem entsprechenden Satz in jenen - höchstens drei Mitgliedstaaten liegt, die auf dem Gebiet der Preisstabilität das beste Ergebnis erzielt haben.“ Der Referenzwert wird dadurch errechnet, dass zu dem Wert, der sich aus dem ungewogenen arithmetischen Mittel der durchschnittlichen langfristigen Zinsen der drei preisstabilsten Mitglied-

staaten ergibt, 2 Prozentpunkte hinzugerechnet werden.[1]

3. Im Protokoll wird die Messung der Zinssätze „anhand langfristiger Staatsschuldverschreibungen oder vergleichbarer Wertpapiere“ gefordert, wobei die länderspezifischen Definitionen angewendet werden. Um die Konvergenz der langfristigen Zinssätze operational prüfen zu können, wurde die Rendite zugrundegelegt, die repräsentative Staatsanleihen mit einer Restlaufzeit von 10 Jahren abwerfen.

3.3. Sonstige für die Konvergenz relevante Faktoren

Gemäß Artikel 121 Abs. 1 des EG-Vertrags müssen die Berichte des EWI, der Kommission und der EZB „auch die Entwicklung der ECU, die Ergebnisse bei der Integration der Märkte, den Stand und die Entwicklung der Leistungsbilanzen, die Entwicklung bei den Lohnstückkosten und andere Preisindizes“ berücksichtigen.

Die Entwicklung der ECU hat keinen länderspezifischen Charakter und die ECU selbst wurde mit Beginn der Währungsunion und Euro-Einführung am 1.1.1999 (Stufe Drei) im Verhältnis 1:1 auf Euro umgestellt.[2] Die anderen Faktoren werden im Zusammenhang mit der Prüfung der länderspezifischen (hier griechischen) Konvergenzkriterien erörtert.

---

1 Die Länder mit den niedrigsten Inflationsraten müssen nicht unbedingt auch die niedrigsten Zinssätze aufweisen.

2 Siehe auch Fn. 3 auf S. 15 dieser Arbeit.

4. Griechenlands Weg zur Teilnahme an der Wirtschafts- und Währungsunion

4.1. Die Zeit vor Aufnahme der griechischen Währung in den Wechselkursmechanismus des EWS – dargestellt vorwiegend anhand der Prüfung des Konvergenzstandes der Stufe Zwei

4.1.1. Die Konvergenzberichte des EWI und der Kommission

Die Drachme wurde am 14. März 1998 in den Wechselkursmechanismus des EWS einbezogen. Diese Maßnahme trat mit Wirkung vom 16. Januar 1998 in Kraft.

In der Zeit unmittelbar davor waren die Referenzzeiträume, die der Prüfung der wirtschaftlichen Konvergenz der 15 EU-Länder zugrunde lagen, zu Ende gegangen.

Das EWI hatte gemäß Artikel 121 Absatz 1 des EG-Vertrags (ex -Artikel 109 j Abs. 1 des Vertrags zur Gründung der Europäischen Gemeinschaft)[1 2 3] den Auftrag, dem Europäischen Rat darüber zu berichten, „inwieweit die Mitgliedsstaaten bei der Verwirklichung der Wirtschafts- und Währungsunion ihren Verpflichtungen bereits nachgekommen sind". Die Europäische Kommission erhielt den gleichen Auftrag und beide Berichte wurden zur gleichen Zeit dem Europäischen Rat vorgelegt.

Die weiteren Schritte (Artikel 109 j, Abs. 2 und 4) bestanden darin, dass

- die Kommission dem Rat zusätzlich eine Empfehlung darüber unterbreitet, ob jedes einzelne EU-Land die Voraussetzungen erfüllt, die notwendig sind, um die einheitliche Währung einzuführen.

---

1 Soweit nicht anders angegeben, versteht sich der Verweis auf den EG-Vertrag als Verweis auf den Vertrag zur Gründung der Europäischen Gemeinschaft.

2 Mit Inkrafttreten des Vertrags von Amsterdam am 1.Mai 1999 änderte sich die Nummerierung der Vertragsartikel.

3 Der Wortlaut der relevanten Vertragstexte ist im Anhang III, S. 173 zu finden.

- der Rat auf der Grundlage dieser Empfehlung und mit qualifizierter Mehrheit für jedes einzelne EU-Land beurteilt, ob es die notwendigen Voraussetzungen erfüllt, um die einheitliche Währung einzuführen. Seine Ergebnisse werden dem Rat, der in der Zusammensetzung der Staats- und Regierungschefs tagt, anempfohlen.

Für Griechenland war es von vornherein klar, dass es nicht zu den Ländern gehören würde, die schon in der ersten Runde der Währungsunion, d.h. Stufe Zwei, beitreten könnten.

Allein die Nichterfüllung des Wechselkurskriteriums hätte nämlich, wie bei Schweden, gereicht, um das Land auszuschließen.

Im Unterschied jedoch zu Schweden hatte Griechenland auch die restlichen Kriterien nicht erfüllt und so kamen EWI und Kommission in ihren Konvergenzberichten 1998 übereinstimmend zu der Einschätzung, dass Griechenland keines der vier Konvergenzkriterien erfüllte (die drei wirtschaftlichen und das fiskalische). [1]

Nach Artikel 121 Absatz 1 (ex -Artikel 109 j Absatz 1) sollen EWI und Kommission bei den Mitgliedstaaten[2] nicht nur prüfen, „ob ein hoher Grad an nachhaltiger Konvergenz erreicht ist“ – Maßstab hier war die Erfüllung der vier Konvergenzkriterien -, sondern auch die Frage, „inwieweit die innerstaatlichen Rechtsvorschriften der einzelnen Mitgliedstaaten einschließlich der Satzung der jeweiligen nationalen Zentralbank mit Artikel 108 und 109 dieses Vertrags sowie der Satzung des ESZB vereinbar sind“. Im Konvergenzbericht des EWI ist in diesem Zusammenhang von „rechtlicher Konvergenz“[3] als differenzierendem Begriff zur „wirtschaftlichen Konvergenz“ – geprüft anhand der oben genannten vier Konvergenzkriterien - die Rede.

---

1 Schweden nahm, so wie Griechenland auch, während des Referenzzeitraums nicht am EWS-Wechselkursmechanismus teil; beide Länder hatten insofern das Wechselkurskriterium nicht erfüllt. Griechenland erfüllte auch die anderen Konvergenzkriterien nicht, während Schweden bis auf eine über dem Referenzwert liegende Schuldenquote von 76,6% die restlichen Referenzwerte unterbot. Hätte also Schweden am Wechselkursmechanismus des EWS teilgenommen, hätte das Land, so wie andere Mitgliedsländer mit einer Schuldenquote über 60% auch, die Einheitswährung am 1. Januar 1999 einführen können. Vgl. EWI-Konvergenzbericht 1998, a.a.o., S. 27.

2 Für Dänemark und das Vereinigte Königreich gab es keine obligatorische Konvergenzprüfung, da beide Länder dem Rat mitgeteilt hatten, dass sie nicht beabsichtigen, 1999 zur Stufe Drei überzugehen.

3 Vgl. EWI-Konvergenzbericht 1998, a.a.O., S. 304.

4.1.2. Griechenlands rechtliche Konvergenz im Jahr 1997/1998

Im Hinblick auf die rechtliche Konvergenz wurden für Griechenland nach übereinstimmender Auffassung von EWI und Kommission[1] keine Unvereinbarkeiten der Rechtsvorschriften mit Vertrag und ESZB-Satzung festgestellt.

Diese Unbedenklichkeitserklärung der beiden EU-Institutionen wurde im März 1998 abgegeben, nachdem das griechische Parlament im Dezember 1997 das Gesetz 2548 betreffend die Abänderung der Satzung der Bank von Griechenland verabschiedet hatte. Auf diese Weise konnte die griechische Zentralbank den Anforderungen des EG-Vertrags und der ESZB-Satzung [2] nach Artikel 121 Abs. 1 (ex Artikel 109 j Abs. 1) genügen.

Die Prüfung der rechtlichen Konvergenz durch das EWI bezog sich, wie bei den anderen EU-Ländern auch,

a) auf die Unabhängigkeit der NZB (nach Artikel 108 (ex Artikel 107) des EG-Vertrags und Artikel 7 und 14.2 der ESZB-Satzung,

b) auf die rechtliche Integration der NZB nach Artikel 12.1 und 14.3 der ESZB-Satzung und

c) auf andere Rechtsvorschriften neben der Satzung der NZB.[3]

Der Prüfungsansatz der Kommission ist etwas differenzierter und berücksichtigt explizit auch die Ziele der nationalen Zentralbanken; so wurde die Prüfung in folgende drei Bereiche aufgegliedert:

- Ziele der NZBen

- Einbindung der NZBen in das ESZB und sonstige Rechtsvorschriften

---

1 Vgl. EWI-Konvergenzbericht 1998, a.a.O., S. 19 und Bericht über den Konvergenzstand 1998 (Bericht der Kommission 1998), in Europäische Wirtschaft, Europäische Kommission, Generaldirektion Wirtschaft und Finanzen, Nr. 65 1998. a.a.O., S. 53.

2 Soweit nicht anders angegeben, versteht sich der Verweis auf die ESZB-Satzung als Verweis auf die Satzung des Europäischen Systems der Zentralbanken und der Europäischen Zentralbank.

3 Vgl. EWI-Konvergenzbericht 1998, a.a.O., S. 304 sowie Konvergenzbericht 2000 der EZB, a.a.O., S. 69.

4.1.2.1. Unabhängigkeit der Bank von Griechenland

Der Unabhängigkeit der Zentralbanken wurde durch das EWI, in seinem Konvergenzbericht 1998, große Aufmerksamkeit geschenkt. In diesem Konvergenzbericht weist das EWI unter anderem implizit darauf hin, dass, gemäß Artikel 109 (ex Artikel 108) des EG-Vertrags bzw. dem gleichlautenden Artikel 14.1 der Satzung, die Unabhängigkeit der Zentralbanken spätestens zum Zeitpunkt der Errichtung des ESZB, d.h. am 1. Juni 1998 erreicht sein muss. Mit anderen Worten mussten bis zu diesem Zeitpunkt die Gesetzesänderungen in Kraft getreten sein.

Die Satzung der Bank von Griechenland von 1928 („das alte Gesetz“) wurde abgeändert (Gesetz 2548 vom 12. Dezember 1997) und die neue Satzung („das neue Gesetz“) am 19. Dezember 1997 im Gesetzblatt verkündet. Die Hauptversammlung der Aktionäre[1] bleibt „das oberste Organ der Bank und vertritt die Gesamtheit der Aktionäre“.[2] Es wurden folgende Änderungen vorgenommen:

a) Institutionelle Unabhängigkeit

Entscheidungen des Generalrats der griechischen Zentralbank konnten nach dem alten Gesetz (Artikel 47) durch das Vetorecht des Regierungskommissars blockiert werden. Diese Unvereinbarkeit mit EG-Vertrag und ESZB-Satzung wurde im neuen Gesetz durch Artikel 6 beseitigt. In diesem Artikel wird ein unabhängiger „Rat für Währungspolitik“ neu eingesetzt. Er „legt die Geldpolitik fest, führt sie aus und fasst Beschlüsse über die Durchführung der Wechselkurspolitik, das Funktionieren der Zahlungssysteme und die Ausgabe von Banknoten“. Der Regierungskommissar kann nunmehr kein Vetorecht gegen die Entscheidungen des Rats für Währungspolitik einlegen.

Nach Artikel 5a der neuen Satzung der Bank von Griechenland dürfen „weder die Bank von Griechenland noch Mitglieder ihrer Beschlussorgane Weisungen der Regierung oder einer anderen politischen Behörde einholen oder entgegennehmen. Weder die Regierung noch eine andere politische Behörde darf versuchen, auf die Beschlussorgane der Bank bei der Erfüllung ihrer Aufgaben Einfluss zu nehmen“.

1 Die Bank von Griechenland hat, im Gegensatz zu anderen Zentralbanken, die Rechtsform einer Aktiengesellschaft. Die Aktien werden an der Börse gehandelt. Gemäß Statut darf der Staat nicht mehr als 10% der Aktien halten. Die restlichen Aktien entfallen auf selbstverwaltete Pensionsfonds öffentlichen Rechts (46%) und Streubesitz (44%).

2 Jahresbericht 1997 der Bank von Griechenland – in griechischer Sprache – S. 12.

Eine weitere Unvereinbarkeit mit EG-Vertrag und ESZB-Satzung in bezug auf die Unabhängigkeit der Zentralbank bestand darin, dass geldpolitische Entscheidungen der Zentralbank den gesamtwirtschaftlichen Zielen der Regierung untergeordnet waren. Das neue Gesetz beseitigt im Artikel 1 Abs. 1 diese Unvereinbarkeit, indem es den Vorrang der Preisstabilität in der Zielhierarchie der griechischen Zentralbank herausstellt: „Das oberste Ziel der Bank von Griechenland ist, die Preisstabilität zu gewährleisten".

b) Personelle Unabhängigkeit

Eine Unvereinbarkeit mit Artikel 14.2 der ESZB-Satzung ergab sich im Hinblick auf die Mindestamtszeit des Präsidenten (Gouverneurs) der Zentralbank oder der übrigen Mitglieder des Generalrates.[1] Das alte Gesetz (Artikel 29) sah nämlich keine Mindestamtszeit von fünf Jahren für diesen Personenkreis vor. Durch das neue Gesetz (Artikel 5 Abs. 3 und Artikel 6 Abs. 3) wurde diese Unvereinbarkeit beseitigt, indem für den Rat für Währungspolitik – bestehend aus dem Präsidenten der griechischen Zentralbank, seinen zwei Stellvertretern sowie drei hauptamtlichen Mitgliedern – eine Mindestamtszeit von sechs Jahren festgelegt wird. Sämtliche Mitglieder des Rats für Währungspolitik sind verpflichtet, ihre berufliche Tätigkeit der Bank von Griechenland zu widmen. In wenigen Ausnahmefällen sind Abweichungen von dieser Regelung gestattet, z.B., wenn es sich um wissenschaftliche Stellen handelt; wichtig ist, dass solche Tätigkeiten nicht zu Interessenkonflikten führen.

Im Hinblick auf die Unabhängigkeit der griechischen Zentralbank kommt das EWI zu dem Schluss, dass nach Verabschiedung und Inkrafttreten des neuen Gesetzes 2548/1997 durch die Bank von Griechenland keine Unvereinbarkeiten mehr in Bezug auf EG-Vertrag und Satzung bestehen.

4.1.2.2. Rechtliche Integration der Bank von Griechenland in das ESZB

Gemäß Artikel 1.2 und Artikel 2.3 des neuen Gesetzes wird anerkannt, dass die Bank von Griechenland integraler Bestandteil des ESZB wird und Weisungen und Leitlinien der EZB beachten muss. Das neue Gesetz geht von zwei Möglichkeiten aus:

1 Der Generalrat behält seine bisherigen Zuständigkeiten, mit Ausnahme von Aufgaben, mit denen der Rat für Währungspolitik betraut ist sowie Angelegenheiten, die zum Aufgabenkreis des ESZB gehören, wofür der Gouverneur zuständig ist.

- Griechenland wird ein Mitgliedsland, für das eine Ausnahmeregelung gilt und

- Griechenland wird Vollmitglied der Wirtschafts- und Währungsunion (führt die Einheitswährung ein).

Sobald Griechenland Vollmitglied der WWU wird, verlieren manche Bestimmungen des neuen Gesetzes ihre Gültigkeit und eine erneute Anpassung der Satzung der Zentralbank wird aus Gründen der Rechtsklarheit und -sicherheit unvermeidlich sein.

Das EWI und die Kommission haben in ihren Konvergenzberichten 1998 darauf hingewiesen, dass die neue Satzung der Bank von Griechenland zwei Aspekte enthalte, für die Nachbesserungsbedarf besteht, dem Rechnung getragen werden muss, bevor Griechenland die einheitliche Währung einführt. Es handelt sich um Artikel 7.4 (neu) und Artikel 2.4 (neu). Artikel 7.4 ordnet Mindestreserven sowie die Verhängung von Strafen an, wenn die Kreditinstitute die Mindestreservepflicht nicht erfüllen. Dieser Artikel berücksichtigt die Befugnisse des ESZB hinsichtlich Mindestreserven nicht. Artikel 2.4 ermöglicht der Bank von Griechenland an internationalen Währungseinrichtungen und Wirtschaftsorganisationen teilzunehmen, ohne die Genehmigung des ESZB einholen zu müssen.

Im Artikel 12 Abs. 17 des neuen Gesetzes ist auf die Gewährleistung der Vereinbarkeit wie folgt hingewiesen worden: „Mit Einführung des Euro verlieren alle gegen primäre oder sekundäre EU-Rechtsvorschriften über die Tätigkeit des ESZB und der EZB verstoßenden gesetzlichen Bestimmungen ihre Gültigkeit“.

4.1.2.3. Anpassung anderer Vorschriften

Dem EWI und der Kommission sind keine Rechtsvorschriften bekannt, für die Anpassungsbedarf nach Artikel 109 (ex Artikel 108) des EG-Vertrags besteht.

4.1.3. Griechenlands wirtschaftliche Konvergenz im Jahr 1997/1998

4.1.3.1. Wichtige Aspekte bei der Prüfung der wirtschaftlichen Konvergenz im Jahr 1998

Ausgehend von den Bestimmungen des EG-Vertrags in Bezug auf die vier Konvergenzkriterien nach Artikel 121 Abs. 1 (ex -Artikel 109 j Abs. 1)[1] sowie deren Spezifizierung im „Protokoll Nr. 21 (ex Nr. 6) über die Konvergenzkriterien nach Artikel 121 des Vertrags zur Gründung der Europäischen Gemeinschaft" war in den Konvergenzberichten 1998 des EWI und der Kommission außer der Vereinbarkeit der innerstaatlichen Vorschriften mit dem EG-Vertrag und der ESZB-Satzung auch zu prüfen, ob ein hoher Grad an nachhaltiger Konvergenz erreicht war. Diese Prüfung der wirtschaftlichen Konvergenz wurde mit Hilfe der vier Konvergenzkriterien bezüglich Preisentwicklung, Fiskalpolitik, Wechselkursentwicklung sowie Entwicklung des langfristigen Zinssatzes vorgenommen.

4.1.3.2. Die Preisentwicklung in Griechenland

Der Referenzzeitraum für die Preisentwicklung in Griechenland – und den anderen auf wirtschaftliche Konvergenz geprüften EU-Ländern - erstreckte sich auf 12 Monate und zwar von Februar 1997 bis Januar 1998.

Die durchschnittliche HVPI-Inflationsrate während dieses Zeitraums betrug 5,2% und lag erheblich höher als der Referenzwert für den gleichen Zeitraum, der 2,7% ausmachte. Bezogen auf das ganze Jahr 1997 blieb der Referenzwert mit 2,7% gleich, während die durchschnittliche HVPI-Inflationsrate bei 5,4% lag. Noch größer war der Abstand zwischen der durchschnittlichen Inflationsrate und dem Referenzwert im Jahr 1996, mit 7,9% und 2,5% respektive.[2] [3]

Ausgehend von der durch EWI und Kommission einheitlichen Berechnungswei-

---

1 Aus Gründen einer besseren Übersicht wird im weiteren Text unter den identischen Artikeln 121 Abs. 1 und 109 j Abs. 1 des EG-Vertrags die aktuelle Bezeichnung „Artikel 121 des EG-Vertrags" zugrundegelegt.

2 Siehe Tab. 1 und Abb. 1., S. 50.

3 Für die Kalenderjahre 1998, 1997 und 1996 wurde seitens des EWI und der Kommission auch der Referenzwert ermittelt, obwohl diese Kalenderjahre keine Referenzjahre der Konvergenzprüfung waren.

se wurde bei der Konvergenzprüfung 1998 der Referenzwert von 2,7% folgendermaßen ermittelt: Die drei Länder, die im Referenzzeitraum die niedrigste HVPI-Inflationsrate aufwiesen, waren, Österreich mit 1,1%, Frankreich mit 1,2% und Irland ebenfalls mit 1,2%, d.h. die durchschnittliche zwölfmonatige HVPI-Inflationsrate betrug 1,2% und der Referenzwert 2,7% (1,2% + 1,5%).[1]

Bezogen auf das Jahr 1997 lag die Teuerungsrate des HVPI mit 5,4%, trotz des robusten Wirtschaftswachstums, um 2,5%-Punkte niedriger als 1996 und dokumentierte so den kontinuierlichen Abwärtstrend der Inflationsrate in Griechenland.[2] Dieser Erfolg bei der Inflationsbekämpfung ist vorwiegend der seit Anfang der neunziger Jahre auf Stabilität ausgerichteten Geldpolitik der griechischen Zentralbank,[3] aber auch dem langsameren Anstieg der Einfuhrpreise (von 5,0% 1996 auf 2,7% im Jahre 1997) zuzuschreiben. Die inflationstreibende Wirkung der hohen Lohnabschlüsse und der gestiegenen Lohnstückkosten des Jahres 1997[4] gegenüber 1996 konnte auf diese Weise überkompensiert werden.

Aber auch die Finanzpolitik hat mit Maßnahmen zur Verbreiterung der Steuerbasis und Bekämpfung der Steuerhinterziehung dazu beigetragen, die Inflation im Zaum zu halten. Umstrukturierung des griechischen Arbeitsmarktes sowie Liberalisierung der Finanzmärkte haben schließlich auch in die gleiche Richtung gewirkt.

Die seinerzeit im Konvergenzbericht 1998 des EWI formulierten Inflationsprognosen (jeweils Veränderung pro Jahr in %) über Griechenland wurden von OECD, IWF und der Europäischen Kommission aufgestellt. Die OECD-Prognose (Dezember 1997) geht vom Deflator für den Privaten Verbrauch aus und schätzt seinen Wert auf 4,5 für 1998 und 3,5 für 1999. Die IWF-Prognose (Oktober 1997) legt den nationalen VPI zugrunde und kommt auf einen Wert von 4,7 für 1998 (für 1999 wurde keine Prognose aufgestellt). Die Prognose der

---

1 Die griechische durchschnittliche HVPI-Inflation des Referenzzeitraums der Konvergenzprüfung sowie der Jahre davor wurde in Tab. 1 und in Abb. 1, S. 50 dargestellt. Die Preisentwicklung in Griechenland von 1990 bis 1997 wurde in Tabelle 2 und in Abbildung 2, S. 51 und 52, wiedergegeben.

2 Ungeachtet der permanent rückläufigen Entwicklung der wichtigen Preismessziffern HVPI und VPI in den letzten Jahren (HVPI: von 10,3% in 1994 auf 5,4% in 1997; VPI: von 20,4% in 1990 auf 5,5% in 1997) konnte Griechenland bei der Konvergenzprüfung 1998 das Inflationskriterium nicht erfüllen.

3 Seit 1995 haben die währungspolitischen Instanzen in Griechenland die Drachme eng an die ECU gebunden.

4 Siehe auch Tab. 2 und Abb. 2, S. 51 und 52.

Kommission (Frühjahr 1998) schließlich basiert auf dem HVPI, den sie auf 4,5 für 1998 und 3,6 für 1999 schätzt. Die genannten Inflationsprognosen haben aus heutiger Sicht und bei inhaltlicher Kontinuität der Datenreihen im Hinblick auf das Jahr 1998 eine hohe Trefferquote erzielt, was man von den 1999er Zahlen nicht behaupten kann. Die Kommission liegt mit ihrer Prognose des HVPI für 1998 punktgenau bei 4,5%, während die 1998er Prognosen von OECD und IWF nur um 0,2 bzw. 0,1 Prozentpunkte von den aktualisierten Werten aus dem Konvergenzbericht 2000 (EWI und Kommission) abweichen.

Tab. 1 GR: HVPI-Infl. rate 1997/1998
(Veränderung gegen Vorjahr in %)

	1994	1995	1996	1997	Konv.
HVPI	10,3	8,8	7,9	5,4	5,2
Referenzwert	-	-	2,5	2,7	2,7

Quelle: EWI-Konvergenzbericht, S. 103 sowie EZB-Jahresbericht 2000, S. 85
Anm. Die HVPI-Werte für 1994 und 1995 erschienen zum ersten mal im Jahresbericht 2000 der EZB (S. 85). Die Spalte "Konv." bezieht sich auf den Konvergenzzeitraum für die Preisentwicklung (Februar 1997 - Januar 1998).

Abb. 1 GR: HVPI-Infl.rate 1997/1998

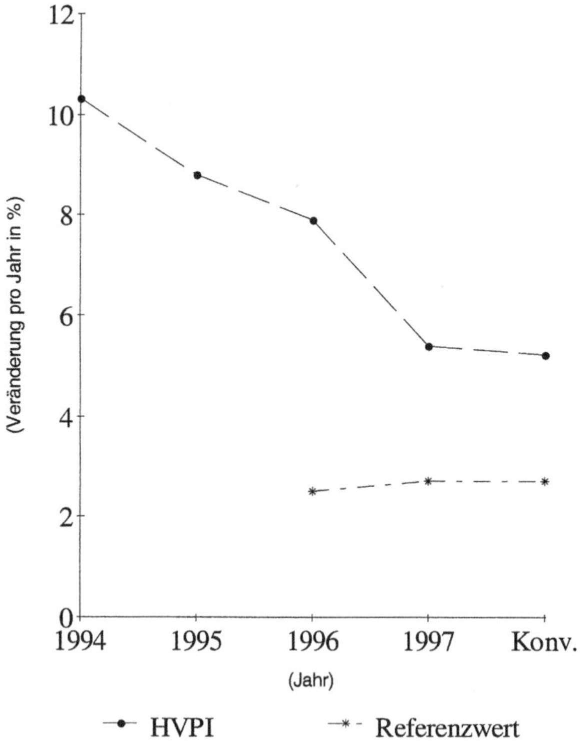

Tab. 2 GR: Preismessziffern und wichtige gesamtwirtschaftliche Eckdaten (Konvergenzprüfung 1998)
(soweit nicht anders angegeben, Veränderung pro Jahr in %)

	1990	1991	1992	1993	1994	1995	1996	1997 (a)
Preismessziffern								
HVPI-Preissteigerung (e)	-	-	-	-	10,3	8,8	7,9	5,4
Verbraucherpreisindex (VPI)	20,4	19,4	15,9	14,4	10,9	8,9	8,2	5,5
VPI ohne Änderungen der indirekten Steuern (b)	18,5	17,9	14,9	15,6	10,8	8,9	8,4	4,9
Deflator für den Privaten Verbrauch	19,9	19,7	15,6	14,2	11,0	8,6	8,5	5,5
BIP-Deflator	20,6	19,8	14,8	14,5	11,3	9,1	8,5	6,8
Erzeugerpreise	13,9	17,0	12,1	11,7	7,4	9,8	8,1	6,9
Wichtige gesamtwirtschaftliche Eckdaten								
Wachstum des realen BIP	0,0	3,1	0,7	-1,6	1,7	1,8	2,6	3,5
Produktionslücke (Prozentpunkte)	0,8	2,3	1,3	-2,1	-2,2	-2,5	-2,3	-1,3
Arbeitslosenquote (%)	6,4	7,3	7,6	7,1	7,2	7,1	7,5	7,9
Lohnstückkosten (Gesamtwirtschaft)	19,5	9,3	12,6	12,7	11,7	11,3	9,9	7,5
Arbeitseinkommen je Beschäftigten (Gesamtwirtschaft)	17,9	15,4	11,8	9,8	11,9	12,6	11,5	10,7
Arbeitsproduktivität (Gesamtwirtschaft)	-1,3	5,5	-0,7	-2,5	0,1	1,2	1,4	3,0
Einfuhrpreisdeflator	13,4	12,1	12,1	7,7	5,7	6,7	3,9	2,7
Wechselkursaufwertung (c)	-8,5	-11,4	-8,0	-8,6	-6,9	-2,8	-1,3	-1,9
Geldmenge in weiter Abgrenzung (M3H) (d)	19,2	10,6	17,3	13,5	11,9	6,4	9,8	14,5
Aktienkurse	188,8	-2,1	-21,2	2,8	14,7	-3,7	5,4	58,0
Häuserpreise	-	-	-	-	-	-	-	-

Quelle: EWI-Konvergenzbericht, S. 104 und 103 sowie EZB-Jahresbericht 2000, S. 85; Nationale Statistiken mit Ausnahme der Angaben zum Wachstum des realen BIP und zur Produktionslücke; Europäische Kommission (Frühjahrsprognose 1998) sowie zum Wechselkurs (BIZ).
(a) Teilweise geschätzt.
(b) Nationale Schätzungen.
(c) Nominaler Außenwert gegenüber 25 Industrieländern.
Anmerkung: Ein positives (negatives) Vorzeichen bedeutet eine Aufwertung (Abwertung).
(d) Harmonisierte Nationale Statistiken
(e) Die Werte für 1994 und 1995 sind dem EZB Jahresbericht 2000 entnommen und wurden auf der gleichen Basis wie die restlichen Werte der Datenreihe ermittelt

Abb. 2 GR: Preisentwicklung
1990-1997

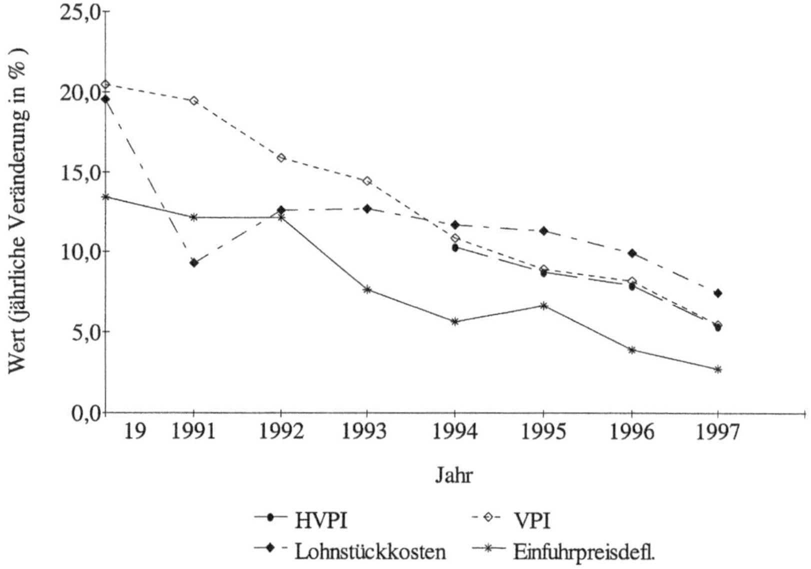

4.1.3.3. Die finanzpolitische Entwicklung in Griechenland

Der Referenzzeitraum für die finanzpolitische Entwicklung in Griechenland und den anderen auf wirtschaftliche Konvergenz geprüften Ländern war das Jahr 1997.

Das EWI und die Kommission haben in ihren Konvergenzberichten 1998 für Griechenland eine Defizitquote von 4% und eine Schuldenquote von 108,7% für das Referenzjahr 1997 festgestellt. Durch die gründliche Sanierung des öffentlichen Haushalts in Griechenland zwischen 1993 und 1997 konnten während dieser Zeitspanne Neu- und Gesamtverschuldung erheblich reduziert werden: die Defizitquote von 13,8% auf 4,0% und die Schuldenquote von 111,6% auf 108,7%. Verglichen mit dem Vorjahr gab es eine Ermäßigung der Schuldenquote um 2,9 und der Defizitquote um 3,5 Prozentpunkte.[1]

1 Siehe Tab. 4 und Abb. 4, S. 61 und 62.

Nach Schätzungen der Europäischen Kommission sollte im Jahr 1998 die Defizitquote weiter auf 2,2% und die Schuldenquote auf 107,7% fallen. [1]

Aufgrund dieser Werte sind das EWI und die Kommission in ihren Konvergenzberichten 1998 übereinstimmend zu dem Ergebnis gekommen, dass Griechenland das Kriterium im Hinblick auf die Finanzlage der öffentlichen Hand nicht erfüllt. Sowohl die Defizitquote, als auch die Schuldenquote lagen über dem jeweiligen Referenzwert.

4.1.3.3.1. Die Entwicklung der Defizitquote

Nach dem sehr hohen Niveau von 16,1% des BIP in 1990 konnte das öffentliche Defizit im nächsten Jahr auf 11,5% reduziert werden. In 1992 stieg es jedoch auf 12,8% und in 1993 erneut auf 13,8% an, bevor es 1994 auf 10,0% fiel. Diese unregelmäßige Entwicklung ist darauf zurückzuführen, dass während der Rezession 1992/1993 in Griechenland die Defizitquote in beiden Jahren anstieg.

Erst ab 1995 hat sich die Defizitquote einheitlich entwickelt und wies eine sinkende Tendenz auf, von 10,3% des BIP in 1995 auf 4,0% in 1997; sie lag damit immer noch deutlich über dem Referenzwert von 3%. Die jeweilige Veränderung gegenüber dem Vorjahr zeigt Abb. 4.

Die öffentlichen Ausgaben für Investitionen beliefen sich 1996 auf 3,0% und 1997 auf 3,3% des BIP, so dass das öffentliche Defizit 1996 um 4,5 und 1997 um 0,7 Prozentpunkte über diesen Ausgaben lag. [2]

Als die Konvergenzberichte 1998 erstellt wurden, war die Ratsentscheidung vom 26. September 1994 über das Bestehen eines übermäßigen Defizits in Griechenland (13,8% des BIP im Jahr 1993) noch in Kraft.[3] Die Ratsentscheidung bezog sich darauf, dass nach Artikel 104 Absatz 6 des EG-Vertrags in Griechenland ein übermäßiges Defizit besteht.

---

1 Siehe Tab. 4 und Abb. 4, S. 61 und 62.

2 Die öffentlichen Investitionsausgaben in Griechenland werden größtenteils aus Mitteln der EU-Strukturfonds in Form der Kofinanzierung getätigt; siehe auch Tab. 3, S. 60.

3 Auf Empfehlung der Kommission erfolgte am 17. Dezember 1999 der Ratsbeschluss zur Aufhebung der Entscheidung über das Bestehen eines übermäßigen Defizits in Griechenland.

Die kontinuierliche Rückführung des Defizits seit 1995 ist primär auf diskretionäre Maßnahmen sowie geringere Zinszahlungen zurückzuführen. Konjunkturelle Faktoren trugen erst im Jahr 1997 geringfügig zu dieser Rückführung bei.[1]

Die Produktionslücke [2] ist seit 1995 kleiner geworden, von –2,5% in 1995 auf –1,3% in 1997. [3]

Die verminderten Zinszahlungen ab 1995 in % des BIP ergaben sich durch die geringeren Zinssätze infolge der kontinuierlichen Reduzierung der Inflationsraten, der seit 1996 eingesetzten Rückführung der Gesamtverschuldung sowie aufgrund eines aktiven Schuldenmanagements.

Es muss hier noch auf eine Reihe von Korrekturmaßnahmen hingewiesen werden, die seit 1995 und sogar früher beschlossen und zum Teil später in der Absicht durchgeführt wurden, die öffentlichen Finanzen in Griechenland zu konsolidieren.

Auf der Einnahmenseite wurden bereits 1994 Maßnahmen zur Verbreiterung der Steuerbasis, zur Bekämpfung der Steuerhinterziehung sowie zur Effizienzsteigerung von Steuerveranlagung und –erhebung durchgeführt. In den Jahren 1996 und 1997 wurden bedeutsame Strukturmaßnahmen zur Einnahmensteigerung getroffen, wie die weitere Verbreiterung der Steuerbasis, die Beschneidung oder Aufhebung von Steuerprivilegien, die Erhöhung des Steuersatzes der Körperschaftsteuer für Finanzinstitute sowie die Einführung einer Grundsteuer und einer Quellensteuer von 15% auf Zinseinnahmen aus Staatspapieren. Die laufenden Einnahmen der öffentlichen Hand [4] sind kontinuierlich gestiegen, von 32,1% 1990 auf 37,9% des BIP 1997. [5]

---

1 Im Rezessionsjahr 1993 hingegen trugen konjunkturelle Faktoren fast ausschließlich zur Erreichung der zweithöchsten Defizitquote der neunziger Jahre bei.

2 Wg. Definition siehe S. 35, Fn. 1 dieser Arbeit.

3 Von der Kommission in ihrer Frühjahrsprognose teilweise geschätzt; siehe auch Tab. 2, S. 51.

4 Der Begriff öffentlich umfasst außer dem Zentralstaat auch lokale und regionale Gebietskörperschaften sowie die Sozialversicherungseinrichtungen ; s. auch Anhang I: Statistische Methodologie zu den Konvergenzindikatoren., S. 165

5 Siehe Tabelle 4, S. 62.

Auch auf der Ausgabenseite wurden in den Jahren 1996 und 1997 wichtige Maßnahmen getroffen, mit dem Ziel, die Primärausgaben zurückzuführen und die Effizienz der Ausgaben allgemein zu verbessern. Zur Eindämmung der Primärausgaben wurden die Transparenz der Lohnstruktur im öffentlichen Sektor verbessert sowie strengere Einstellungsregeln für Staatsbedienstete eingeführt. Eine Effizienzsteigerung bei den Ausgaben sollte durch die Rückführung der Staatsquote, bei gleichzeitiger Rationalisierung der Ausgabenströme und Reduzierung und besserer Kontrolle der staatlichen Bürgschaften erfolgen. Die Gesamtausgabenquote des Staates wies zwischen 1990 und 1995 keine einheitliche Entwicklung auf: Von 48,2% (in % des BIP) in 1990 ermäßigte sie sich auf 44,4% in 1991und stieg bis 1993 erneut an. Seit 1995 ist sie rückläufig und 1997 erreichte sie 41,9%, 5,6 Prozentpunkte weniger als 1995. Diese positive Entwicklung ist vorwiegend auf die niedrigeren Zinsausgaben und Nettokapitalausgaben zurückzuführen. [1]

Griechenlands Konvergenzprogramm für 1994 bis 1999 (aktualisierte Fassung: Juli 1997)[2] sah für 1998 eine Reduzierung der Defizitquote auf 2,4% und der Schuldenquote auf 107% des BIP vor. Es gab auch keine größeren Abweichungen zwischen dem Haushaltsplan für 1998 und dem Konvergenzprogramm. Die Reduktion bei der Defizitquote sollte primär durch Kürzungen der laufenden Ausgaben sowie Erhöhungen der Staatseinnahmen erreicht werden; das heißt Ermäßigung der Ausgabenquote und Erhöhung der Einnahmenquote (Ausgaben und Einnahmen jeweils in % des BIP). Für das Jahr 1999 war eine weitere Rückführung der Defizit- sowie der Schuldenquote auf 2,1% bzw. 101% geplant. Im Hinblick auf die Defizitquote wurde seinerzeit der Wert 2,1% als zu optimistisch eingeschätzt. Festzuhalten ist jedenfalls, dass die Defizitquote für beide Jahre 1998 und 1999 unter dem Referenzwert von 3% lag.

4.1.3.3.2. Die Entwicklung der Schuldenquote

Die Entwicklung der Schuldenquote seit 1990 war nicht einheitlich. Nach 90,1% des BIP im Jahr 1990 stieg sie kontinuierlich bis 1993 auf 111,6% an und blieb

---

1 Siehe Tabelle 4, S. 62.

2 Die EU-Mitgliedstaaten (außer Luxemburg wegen seines guten Abschneidens bei den Konvergenzindikatoren) legen seit 1993 Konvergenzprogramme vor. Solche Programme enthalten die mittelfristigen Strategien der EU-Länder zur Erreichung und Einhaltung der Konvergenzkriterien und werden nach dem WWU-Beitritt eines Mitgliedslandes durch Stabilitätsprogramme ersetzt

bis 1996 auf diesem hohen Niveau weitgehend stabil. Erst ab 1997 ist eine sinkende Tendenz zu beobachten. [1]

Der Anstieg der Schuldenquote seit Beginn der neunziger Jahre (insbesondere 1993) ist vor allem auf Schuldenbestandsänderungen (sog. „deficit-debt adjustments") zurückzuführen. Solche Veränderungen des Schuldenbestandes entstanden im Falle Griechenlands vorwiegend aufgrund von abwertungsinduzierten Höherbewertungen der Fremdwährungsverbindlichkeiten sowie aufgrund von Transaktionen mit Finanzaktiva. [2]

Zwischen 1990 und 1993 war der Primärsaldo [3] in Griechenland negativ, sodass die Erhöhungen des Schuldenbestandes nicht durch Primärüberschüsse kompensiert werden konnten. Seit 1994 liegt ein Primärüberschuss vor und übt eine mehr als ausgleichende Wirkung auf weitere Schuldenbestandserhöhungen aus. [4]

Der Einfluss eines die Schuldenquote weiter belastenden Faktors, nämlich der hohe Anteil der kurzfristigen Verbindlichkeiten an den Gesamtverbindlichkeiten zu Beginn der neunziger Jahre konnte sukzessive abgebaut werden. Lag der Anteil der kurzfristigen Schulden an den Gesamtschulden [5] 1990 bei 52,2%, so sank dieser 1997 auf 13,3%.[6] Diese beachtliche Reduzierung kann indes nicht zufrieden stellen, wenn man die hohe Schuldenquote mit in Rechnung stellt, da die Zinsreagibilität bei kurzfristigen Verbindlichkeiten besonders stark ist; dies verstärkt tendenziell ein vorhandenes Primärdefizit bzw. vermindert einen vorhandenen Primärüberschuss.

Ein weiterer belastender Faktor für die Schuldenquote resultiert aus dem hohen Anteil der Fremdwährungsverbindlichkeiten an den Gesamtverbindlichkeiten.

---

1 Siehe Tab. 4 und Abb. 4, S. 61 und 62.

2 Näheres hierzu siehe EWI-Konvergenzbericht 1998, a.a.O., S. 97 sowie Konvergenzbericht 2000 der EZB, a.a.O., S. 19/20.

3 Wg. Definition siehe S. 34 dieser Arbeit.

4 Siehe Tab. 4, S. 62.

5 Unter kurzfristig werden Fälligkeiten bis zu einem Jahr verstanden, mittelfristig 1-5 Jahre und langfristig über 5 Jahre.

6 Siehe Tab. 4, S. 62.

Dieser Anteil konnte während des Zeitraums 1990-1997 nur minimal reduziert werden, nämlich von 23,2% in 1990 auf 21,6% in 1997.[1] Da Fremdwährungsverbindlichkeiten einem Wechselkursrisiko ausgesetzt sind, gestalten sich die öffentlichen Finanzierungssalden wechselkursreagibel.[2] Dies umso mehr im Fall Griechenland, da andere Länder mit noch höheren Schuldenquoten, nämlich Italien: Schuldenquote 121,6% und Belgien 122% , jeweils für 1997, eine günstigere Struktur bei den Fremdwährungsverbindlichkeiten aufweisen: Italien 1990: 6,0%, 1997: 6,9%; Belgien 1990: 13,8%, 1997: 7,3% der Gesamtverbindlichkeiten.

Die exorbitant hohe Schuldenquote Griechenlands im Referenzjahr veranlasste das EWI dazu, alternative Szenarien zur Rückführung der Schuldenquote auf den Referenzwert von 60% zu entwickeln.[3] Den alternativen Berechnungen sind zwei Varianten zugeordnet und gehen von der Schätzung der Kommission im Jahr 1998 über Defizit- und Schuldenquote aus (2,2% bzw. 107,7%). Es handelt sich um rein modellhafte Berechnungen ohne Prognosecharakter, die jedoch die Anstrengungen vor Augen führen, die das Land, ausgehend von dem sehr hohen Schuldenniveau, unternehmen muss, um den Referenzwert innerhalb einer bestimmten Anzahl von Jahren zu erreichen. Diesen Berechnungen wurden noch folgende normative Annahmen zugrundegelegt:

- Konstanter nominaler Zinssatz von 6%, bei einer durchschnittlichen realen Verzinsung von 4% und einer Inflationsrate von 2%.

- Konstante Zuwachsrate des BIP von 2,7% (dieser Wert entspricht der Schätzung der Europäischen Kommission für das reale Trendwachstum des BIP für 1998).

- Schuldenbestandsänderungen finden keine Berücksichtigung.[4]

---

1 Siehe Tab. 4, S. 62.

2 Im Konvergenzbericht 1998 konnte innerhalb der Fremdwährungsverbindlichkeiten noch keine Differenzierung vorgenommen werden, dergestalt, ob es sich bei den Fremdwährungen um EWU-Fremdwährungen handelt, oder um solche außerhalb der EWU – Stufe Drei war noch nicht eingeführt. Vgl. EWI-Konvergenzbericht 1998, a.a.O., S. 106, Tab. 5.

3 Das EWI hat das gleiche Verfahren bei allen Ländern angewandt, deren Schuldenquoten im Referenzjahr den Wert von 100% überstiegen. Es waren außer Griechenland (108,7%), Italien (121,6%) und Belgien (122,2%). Vgl. EWI-Konvergenzbericht 1998, a.a.O., S. 39.

4 Die Annahme, dass es keine Bestandsanpassungen gibt, ist für Griechenland nicht besonders realitätsnah, da in den letzten Jahren die „deficit-debt adjustments" wesentlich zur Erhöhung der griechischen Schuldenquote beigetragen haben.

Unter der Voraussetzung, dass für 1998 Schulden- und Defizitquote sowie Primärüberschuss wie von der Kommission prognostiziert ausfallen (107,7%, 2,2% und 6,8% jeweils), kommt das EWI bei der ersten Variante zu drei zeitabhängigen alternativen Finanzierungssalden, die mit dem Referenzwert der Schuldenquote von 60% vereinbar sind:

1) Auf der Basis des gesamten Finanzierungssaldos (ausgehend von der Prognose der Kommission für 1998 mit 107,7% Schulden- und 2,2% Defizitquote) wurden folgende drei Alternativen berechnet:[1]

   a) Griechenland kann den Referenzwert in 5 Jahren (2002) erreichen, wenn sich ab 1999 die Überschussquote des gesamten Finanzierungssaldos auf 7,8% pro Jahr beläuft.

   b) Das Land kann den Referenzwert in 10 Jahren (2007) erreichen, wenn sich ab 1999 eine Überschussquote des gesamten Finanzierungssaldos von 1,4% pro Jahr einstellt.

   c) Um den Referenzwert in 15 Jahren (2012) zu erreichen, genügt es für Griechenland, ab 1999 eine Defizitquote von 0,4% jährlich zu erzielen.

2) Auf der Basis des primären Finanzierungssaldos (ausgehend von der Prognose der Kommission für 1998 mit 107,7% Schulden- und 6,8% Primärüberschussquote) wurden folgende drei Alternativen berechnet : [2]

   a) Griechenland kann den Referenzwert in 5 Jahren (2002) erreichen, wenn sich ab 1999 die Überschussquote des primären Finanzierungssaldos auf 13,0% pro Jahr beläuft.

   b) Das Land kann den Referenzwert in 10 Jahren (2007) erreichen, wenn sich ab 1999 eine Überschussquote des primären Finanzierungssaldos von 6,4% pro Jahr einstellt.

   c) Um den Referenzwert in 15 Jahren (2012) zu erreichen, genügt es für Griechenland, ab 1999 eine Überschussquote des primären Finanzierungssaldos von 4,5% jährlich zu erzielen.

---

1 Siehe Tab. 5, S. 63

2 ebda.

Bei der zweiten Variante wurden folgende Alternativen ermittelt:

a) Bei einer, wie 1998 prognostizierten, gleichbleibenden Defizitquote von 2,2% würde die Schuldenquote von 60% erst im Jahr 2034 erreicht. Im Jahr 2007 wäre sie nur bei 87,5%.

b) Bei einem, wie 1998 prognostizierten, gleichbleibenden Primärüberschuss von 6,8% würde die Schuldenquote im Jahr 2007 unter 60% liegen.

c) Bei einem ab 1999 Jahr für Jahr ausgeglichenen Haushalt würde die Schuldenquote von 60% im Jahr 2011 erreicht. Im Jahr 2007 wäre sie erst bei 70,6%.

Das EWI kommt zu dem Schluss, dass für Griechenland eine nachhaltige Konsolidierung der öffentlichen Finanzen mit beträchtlichen Haushaltsüberschüssen dringend erforderlich sei, damit das Land unerwartete Schocks besser überwinden könne, ohne Gefahr zu laufen, dass sich die Haushaltslage plötzlich dramatisch verschlechtere.

Für die Konsolidierung der öffentlichen Finanzen zeichnet vorwiegend der griechische Zentralstaat verantwortlich, da die restlichen Teilsektoren des Gesamtstaats Überschüsse aufweisen. Das gilt insbesondere für die Sozialversicherungssysteme. Das Altersversorgungssystem ist in Griechenland teilweise kapitalgedeckt und dessen Träger legen einen Großteil des Überschusses in Staatspapiere an. Diese Anlagepolitik wirkt entlastend auf die gesamte staatliche Bruttoverschuldung und die Schuldenquote. Umgekehrt würde eine Änderung dieser Anlagepolitik zu einer höheren Schuldenquote führen.

Die demographische Entwicklung in Griechenland könnte sich langfristig ebenfalls zu einem Risiko für den Haushalt entwickeln, nämlich dann, wenn es bis dahin zu keiner nachhaltigen Konsolidierung der Haushaltslage gekommen ist. Ab dem Jahr 2010 ist nämlich mit einer erheblichen Alterung der Bevölkerung zu rechnen, die zu einer Steigerung der öffentlichen Ausgaben für die Altersversorgung in Relation zum BIP besonders dann führen wird, wenn die Gesetzgebung betreffend die Sozialversicherung allgemein und den Leistungsbezug insbesondere nicht bald reformiert wird. Stellt man in Rechnung, dass aufgrund der ungünstigen demographischen Entwicklung in Griechenland in den nächsten Jahrzehnten weniger oder gar keine Überschüsse, vielleicht sogar Verluste des Altersversorgungssystems anfallen, dann wird deutlich, weshalb der staatliche Finanzierungssaldo stark verbessert werden sollte und zwar noch vor Eintritt der ungünstigen Bevölkerungsentwicklung.[1]

Tab. 3 GR: Finanzlage des Staates (Konvergenzprüfung 1998)

	1994	1995	1996	1997	1998 (a)
Haushaltsüberschuss (+) bzw. -defizit (-)	-10,0	-10,3	-7,5	-4,0	-2,2
Referenzwert	-3,0	-3,0	-3,0	-3,0	-3,0
Überschuss (+) bzw. -defizit (-), abzüglich öffentliche Ausgaben für Investitionen (b)	-7,0	-7,1	-4,5	-0,7	-
Bruttoverschuldung des Staates	109,3	110,1	111,6	108,7	107,7
Referenzwert	60,0	60,0	60,0	60,0	60,0

Quelle: EWI Konvergenzbericht, S. 105 und 107; Europäische Kommission (Frühjahrsprognose 1998) und Berechnungen des EWI.
(a) Schätzung der Europäischen Kommission.
(b) Ein negatives Vorzeichen bedeutet, dass das öffentliche Defizit die öffentlichen Ausgaben für Investitionen überschreitet.

Abb. 3.1 GR: Finanzlage des Staates
(Defizitquote und Referenzwert)

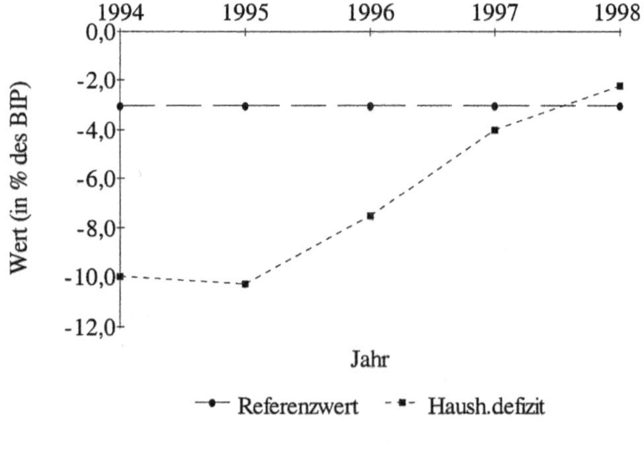

1 Die voraussichtliche Entwicklung des Altenquotienten in Griechenland ist Tab. 6, S. 63 zu entnehmen.

Abb. 3.2 GR: Finanzlage des Staates
(Schuldenquote und Referenzwert)

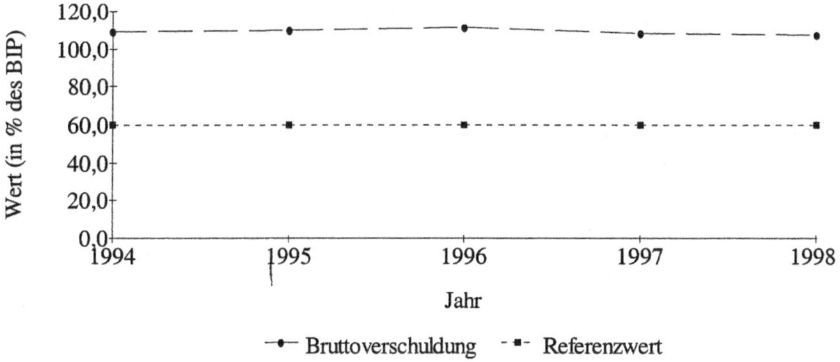

Abb. 4 GR: Fiskalpolitische Entwicklung
(1990-1998; in % des BIP)

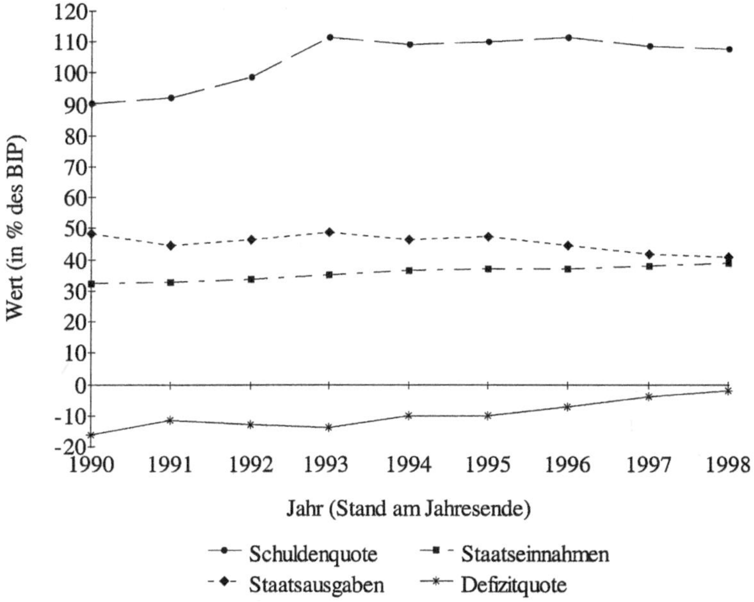

Tab. 4 GR: Bruttoverschuldung und Haushaltslage des Staates

(soweit nicht anders angegeben, in % des BIP)

	1990	1991	1992	1993	1994	1995	1996	1997 (b)	1998 (c)
Gesamtverschuldung	90,1	92,3	98,8	111,6	109,3	110,1	111,6	108,7	107,7
Aufschlüsselung nach Währungen (in % des Gesamtbetrages)									
in Inlandswährung	76,8	76,3	76,4	77,8	76,2	77,7	78,3	78,4	-
in Fremdwährung	23,2	23,7	23,6	22,2	23,8	22,3	21,7	21,6	-
Verschuldung gegenüber Inland (in % des Gesamtbetrages)	74,9	75,2	75,5	76,1	74,5	76,6	77,9	76,3	-
Aufschlüsselung nach Fälligkeit (a) (in % des Gesamtbetrages)									
kurzfristig (bis 1 Jahr)	52,2	41,1	37,9	25,5	26,6	24,2	21,8	13,3	-
mittel- und langfristig (mehr als 1 Jahr)	47,8	58,9	62,1	74,5	73,4	75,8	78,2	86,7	-
Laufende Einnahmen insgesamt	32,1	32,9	33,7	35,0	36,4	37,2	37,2	37,9	38,7
Steuern	18,7	19,4	20,1	19,8	20,6	20,8	21,0	21,9	22,8
Sozialversicherungsbeiträge	11,7	11,2	11,1	12,1	12,0	12,0	11,9	11,6	11,6
Sonstige laufende Einnahmen	1,7	2,2	2,5	3,1	3,8	4,4	4,3	4,3	4,3
Ausgaben insgesamt	48,2	44,4	46,5	48,8	46,4	47,5	44,7	41,9	41,0
Laufende Übertragungen	16,2	15,6	15,2	15,8	15,4	16,0	15,9	15,5	15,4
Effektive Zinsausgaben	10,2	9,4	11,7	12,8	14,1	12,9	11,9	9,6	9,1
Staatsverbrauch	15,3	14,4	13,9	14,5	13,9	15,4	14,7	14,8	14,5
Nettokapitalausgaben	6,6	5,0	5,7	5,7	2,9	3,2	2,2	2,0	2,0
Überschuss (+) bzw. Defizit (-)	-16,1	-11,5	-12,8	-13,8	-10,0	-10,3	-7,5	-4,0	-2,2
Primärsaldo	-6,0	-2,1	-1,1	-1,0	4,1	2,6	4,4	5,6	6,8

Quelle: EWI Konvergenzbericht, S. 106 und 107; Nationale Statistiken mit Ausnahme der Angaben zur Gesamtverschuldung und Haushaltslage (Europäische Kommission -Frühjahrsprognose 1998- und Berechnungen des EWI), Jahresendstände, Differenzen in den Summendurch Runden der Zahlen.

(a) Ursprungslaufzeit

(b) Teilweise geschätzt.

(c) Von der Europäischen Kommission in ihrem Konvergenzbericht 1998 geschätzt

Tab. 5 GR: Berechnungen zur Konvergenz der öffentlichen Schuldenstände

	1997	1998	2002	2007	2012
Bruttogesamtverschuldung	108,7	107,7	-	-	-
Gesamter Finanzierungssaldo	-4,0	-2,2	-	-	-
Primärer Finanzierungssaldo	5,6	6,8	-	-	-
Gesamter Finanzierungssaldo, der mit einer Verringerung des Schuldenstandes auf 60% vereinbar ist	-	-	7,8	1,4	-0,4
Primärer Finanzierungssaldo, der mit einer Verringerung des Schuldenstandes auf 60% vereinbar ist	-	-	13,0	6,4	4,5

Quelle: EWI Konvergenzbericht 1998, S. 108; Europäische Kommission (Frühjahrsprognose 1998) und Berechnungen des EWI

Tabelle 6 GR: Voraussichtliche Entwicklung des Altenquotienten

	1990	2000	2010	2020	2030
Altenquotient	21,2	25,5	28,8	33,3	40,9

Quelle: EWI Konvergenzbericht 1998, S. 108; Bos, E. et al. (1994), World population projections 1994-95, Weltbank, Washington D.C.

4.1.3.4. Wechselkursentwicklung

Der Referenzzeitraum für die Einhaltung des Wechselkurskriteriums lag vom März 1996 bis Februar 1998. Während dieser Zeitspanne hat die griechische Währung nicht am Wechselkursmechanismus des EWS teilgenommen. Die GRD trat dem Mechanismus am 16. März 1998 bei. Die Wechselkursentwicklung der Drachme konnte ohne WKM-Leitkurse nicht mit dem gleichen Maßstab bewertet werden wie die anderen Währungen, die dem Wechselkursmechanismus des EWS für die Dauer von mindestens zwei Jahren (Referenzzeitraum) angehörten.

Das EWI und die Kommission haben in ihren Konvergenzberichten vielmehr die geldpolitische Strategie der griechischen Währungsbehörden zugrundegelegt, um die Wechselkursentwicklung der Drachme beurteilen zu können.

Die Geldpolitik der Bank von Griechenland war in den letzten Jahren darauf ausgerichtet, ein Wechselkursziel zu verfolgen, das integraler Bestandteil der Anti-Inflationsstrategie des Landes war und für Stabilität der bilateralen Wechselkurse in der EU sorgen sollte. Dieses Ziel bestand darin, die Drachme eng an die ECU zu binden. [1]

Um trotz des Fehlens von Leitkursen die Wechselkursentwicklung der Drachme zu verfolgen, hat das EWI als Referenzgröße den im März 1996 verzeichneten Monatsdurchschnitt (1. März 1996 bis 27. Februar 1998) der bilateralen Wechselkurse gegenüber den anderen EU-Währungen verwendet. Nach dieser Konstruktion lag die griechische Währung während der gesamten Zeitspanne des Referenzzeitraums in der Regel oberhalb des so gebildeten Referenzwertes mit Ausnahme des bilateralen Wechselkurses zum Pfund Sterling, dem irischen Pfund und in geringerem Maße der italienischen Lira. [2] Die Wechselkursvolatilität der Drachme gegenüber der DM [3] bewegte sich innerhalb einer Marge von 2% bis 4%. [4]

---

1 Außer der griechischen Drachme gehörten die schwedische Krone und das Pfund Sterling nicht dem Wechselkursmechanismus des EWS an. Die geldpolitische Strategie der Sveriges Riksbank und der Bank of England bestand darin, ein direktes Inflationsziel zu verfolgen und den Wechselkurs ihrer Währungen frei schwanken zu lassen. Vgl. EWI-Konvergenzbericht 1998, a.a.O., S. 260 und 277.

2 Siehe Tab. 7 (a), S. 66.

3 Darunter wird die auf Jahresrate hochgerechnete monatliche Standardabweichung der täglichen prozentualen Veränderungen des Wechselkurses gegenüber der DM in % verstanden. Vgl. EWI-Konvergenzbericht 1998, a.a.O., S. 382.

4 Siehe Tab. 7 (b) und Abb. 5.

Diese Wechselkursstabilität wurde gefördert durch die feste Absicht der griechischen Behörden, an der WWU teilzunehmen sowie die sichtbaren Fortschritte bei der Inflationsbekämpfung und der Defizitreduzierung.

Die kurzfristigen Zinssätze in Griechenland blieben während des Referenzzeitraums auf hohem Niveau, verglichen mit den EU-Ländern mit den niedrigsten kurzfristigen Sätzen.[1] Der Abstand erreichte im Mai 1997 mit 7,7% sein Minimum, wurde dann immer größer, bis er im Februar 1998 mit 13,4% seinen höchsten Wert erreichte.

In Griechenland liegt die Einfuhr von Gütern traditionell über der Ausfuhr und führt zu einer negativen Handelsbilanz. Dienstleistungsbilanz (vor allem Reiseverkehr) sowie Übertragungsbilanz (Nettoübertragungen aus der EU) sind hingegen immer positiv, vermochten aber bisher den negativen Saldo der Handelsbilanz nicht auszugleichen.[2] [3] Die negative Differenz zwischen Aus- und Einfuhr von Gütern und Dienstleistungen ohne Vermögensübertragungen in % des BIP ist nach 9,4 Prozentpunkten in 1994 auf 11,9 Prozentpunkte in 1997 angestiegen. Der Rückgang der Vermögensübertragungen während des gleichen Zeitraums von 9,3% auf 7,1% hat auch zur Verschlechterung der Leistungsbilanz einschließlich Vermögensübertragungen geführt (von –0,1% in 1994 auf –3,8% in 1997). [4]

---

1 Siehe Tab. 7 (b), S. 67 und Abb. 6, S. 68.

2 Im Jahr 1994 war die Leistungsbilanz mit –0,1% des BIP so gut wie ausgeglichen.

3 Siehe Tab. 8 und Abb. 7, S. 69.

4 Siehe auch Tab. 8, S. 69.

Tabelle 7 (a) GR: Wechselkursstabilität

(1. März 1996 bis 27. Februar 1998)

Teilnahme am EWS-Wechselkursmechanismus	Nein
Teilnahme seit	-
Abwertung des Leitkurses aus eigener Initiative des Landes	-

Maximale Abweichung der bilateralen Wechselkurse
vom Monatsdurchschnitt März 1996 nach oben (+) und unten (-) in %
gegenüber (1)

EWS-Währungen:	
Belgischer Franc	5,1
Dänische Krone	3,8
Deutsche Mark	4,7
Spanische Peseta	5,2
Französischer Franc	3,2
Irisches Pfund	0,4
Italienische Lira	0,5
Holländischer Gulden	5,3
Österreichischer Schilling	4,8
Portugiesischer Escudo	3,3
Finnmark	4,2
Nicht EWS-Währungen	
Schwedische Krone	3,5

Quelle: EWI Konvergenzbericht 1998, S. 110, Europäische Kommission und EWI-Berechnung

Tabelle 7 (b) GR: Wichtige Indikatoren für Wechselkursspannungen der griechischen Drachme

Durchschnitt über 3 Monate bis Ende	Mai 96	Aug. 96	Nov 96	Febr. 97	Mai 97	Aug. 97	Nov. 97	Febr. 98
Wechselkursvolatilität (1)	2,7	2,6	2,1	4,4	3,1	2,5	3,1	1,6
Differenzen der kurzfristigen Zinssätze (2)	10,6	10,5	9,9	9,1	7,7	8,2	12,4	13,4

Quelle: EWI Konvergenzbericht 1998, S. 110; Europäische Kommission, nationale Statistiken und EWI-Berechnungen.

(1) Auf Jahresrate hochgerechnete monatliche Standardabweichung der täglichen prozentualen Veränderungen des Wechselkurses gegenüber der DEM in %.

(2) Differenz der Zinssätze für Dreimonatsgeld gegenüber einem gewogenen Durchschnitt der Zinssätze der Länder mit den niedrigsten kurzfristigen Zinssätzen (Belgien, Deutschland, Frankreich, den Niederlanden und Österreich), in Prozentpunkten.

Abb. 5 GR: Wechselkursvolatilität

Drachme gegenüber Deutsche Mark

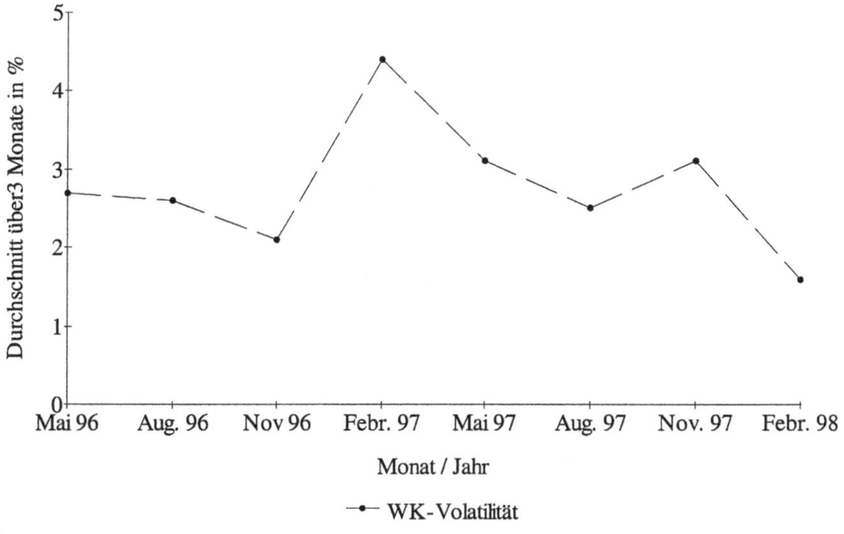

Abb. 6 GR: Differ. d. kurzfr. Zinssätze

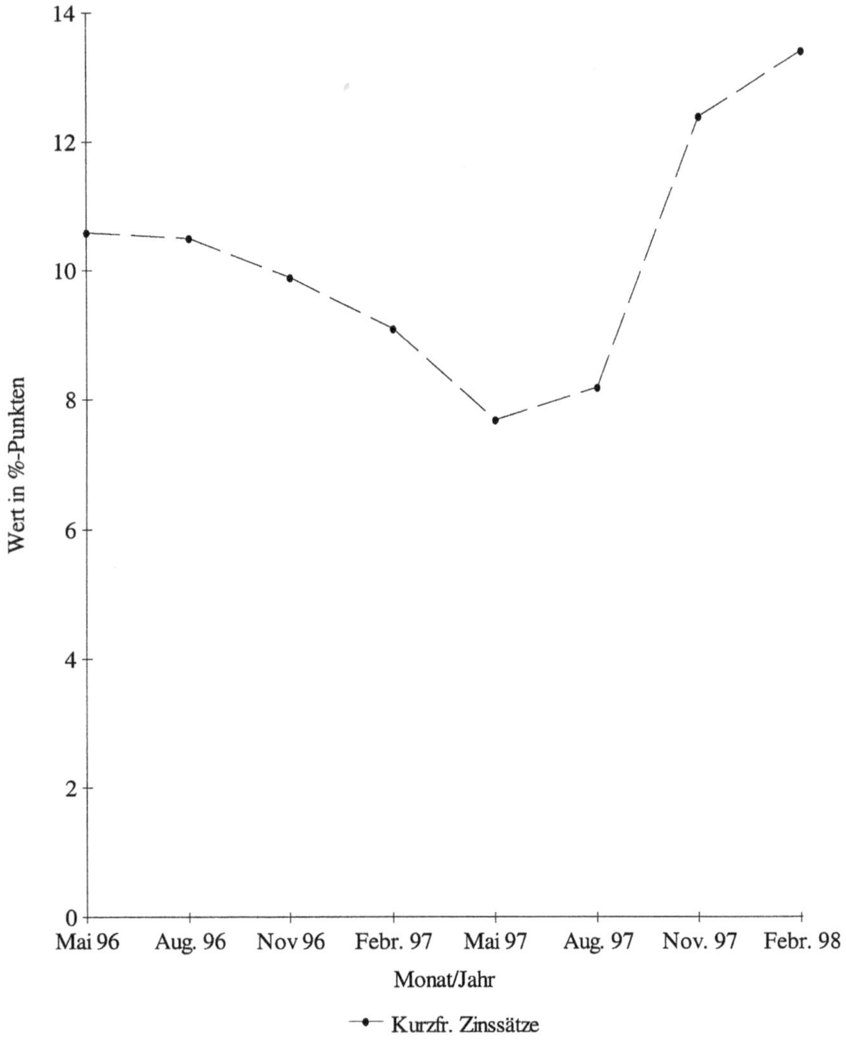

Tabelle 8 GR: Außenwirtschaftliche Entwicklung
(in % des BIP)

	1990	1991	1992	1993	1994	1995	1996
Leistungsbilanz einschließlich Vermögensübertragungen (b)	-4,3	-1,7	-2,1	-0,8	-0,1	-2,5	-3,7
Netto-Auslandsaktiva (+) oder -passiva (-) (c)	-24,3	-23,2	-21,4	-22,7	-21,5	-19,8	-15,5
Ausfuhr (Waren und Dienstleistungen) (d)	16,8	16,9	18,6	18,2	19,0	18,9	18,5
Einfuhr (Waren und Dienstleistungen) (e)	28,1	28,9	27,9	28,4	28,4	29,6	30,0

Quelle: EWI Konvergenzbericht, S. 112, Nationale Statistiken mit Ausnahme der Angaben zur Aus- und Einfuhr (Europäische Kommission (Frühjahrsprognose 1998)).

(a) Teilweise geschätzt

(b) In Übereinstimmung mit den Abgrenzungen gemäß der 5. Auflage des Balance of Payments Manual des IWF; danach entspricht die Leistungsbilanz einschließlich Vermögensübertragungen der Definition der Leistungsbilanz in vorherigen Auflagen des Manual.

(c) Auslandsvermögensstatus in der Abgrenzung des IWF (siehe Balance of Payments Yearbook, Part I, 1994) oder eine dieser Abgrenzung möglichst nahekommende Ersatzgrö

(d) 1996 betrug der Anteil der Warenausfuhr in andere EU-Länder an der Warenausfuhr insgesamt 56,4%; Direktion of Trade Statistics Yearbook 1997 des IWF.

(e) 1996 betrug der Anteil der Wareneinfuhr aus anderen EU-Ländern an der Wareneinfuhr insgesamt 69,5%; Direction of TradeStatistics Yearbook 1997 des IWF.

Abb. 7 GR: Ein-, Ausfuhr; Leistg.bilanz
(in % des BIP)

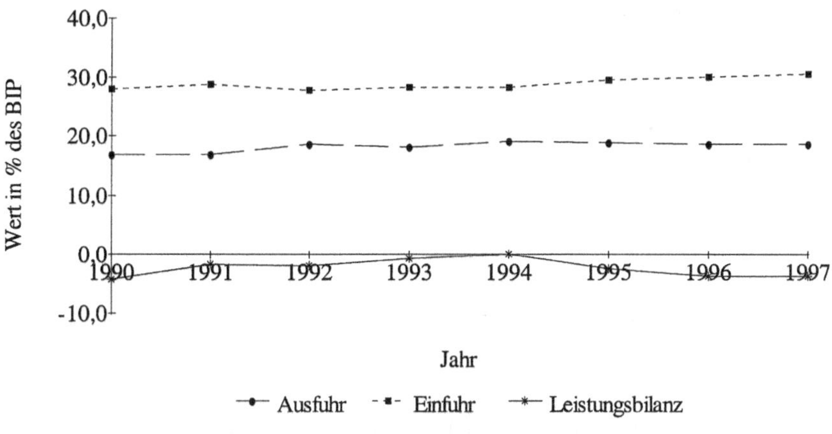

4.1.3.5. Entwicklung des langfristigen Zinssatzes

Der Referenzzeitraum ist, so wie bei dem Inflationskriterium, der Zeitraum von Februar 1997 bis Januar 1998. Während dieser Zeit lagen die langfristigen Zinssätze bei 9,8% und somit um ganze 2 Prozentpunkte über dem Referenzwert von 7,8%. Im Jahr 1996 lagen die langfristigen Zinssätze mit 14,4% um 5,3 und 1997 mit 9,9% um 1,9 Prozentpunkte über dem jeweiligen Referenzwert.[1]

Im Gegensatz zu den anderen auf Konvergenz der langfristigen Zinssätze geprüften Ländern, beginnt die harmonisierte Datenreihe für Griechenland ab Juni 1997, da erst seit diesem Monat eine repräsentative zehnjährige Staatsanleihe zur Verfügung stand. Davor wurden Ersatzgrößen in Form von Näherungswerten verwendet: für die Zeit von März bis Juni 1997 die Rendite für eine siebenjährige festverzinsliche Anleihe, von Februar 1996 bis Januar 1997 die Ausgabenzinssätze siebenjähriger Anleihen und von September 1992 bis Januar 1996 die Ausgabensätze fünfjähriger Anleihen.[2] Durch diese dreimalige Definitionsänderung beim repräsentativen Zinssatz weist die Zeitreihe für Griechenland drei Brüche auf und ist für die Zeit vor Juni 1997 nicht voll vergleichbar.

Seit 1992 ist der Trend der langfristigen Zinssätze in Griechenland, mit Ausnahme des Jahres 1997, rückläufig. Die Konvergenz zwischen den langfristigen Zinssätzen in Griechenland und in den anderen EU-Ländern mit den niedrigsten Anleiherenditen[3] gestaltete sich seit Mitte der neunziger Jahre besonders eng, die Differenz war jedoch stets deutlich positiv. Maßgeblich zu dieser Konvergenz hat die Verringerung des Inflationsgefälles beigetragen. Andere Einflussfaktoren waren die relative Stabilität der bilateralen Wechselkurse (Drachme / Währungen der genannten EU-Ländergruppe) der letzten Jahre sowie, in jüngerer Zeit, Griechenlands verbesserte Finanzlage. Gegen Ende des Berichtszeitraums wurde das Gefälle jedoch wieder größer.

---

1 Siehe Tab. 9 und Abb. 8, S. 71.

2 Die Kommission berechnet in ihrem Konvergenzbericht 1998 die langfristigen Nominalzinssätze seit Januar 1994, vgl. Bericht der Kommission 1998, a.a.O., Schaubild 6.1, S. 153/154.

3 Es handelt sich um die Länder Belgien, Deutschland, die Niederlande und Österreich.

Tab. 9 GR: Langfristige Zinssätze
(in %)

	1996	1997	Konvergenzzeit	Nov. 97	Dez. 97	Jan. 98
Langfristiger Zinssatz	14,4	9,9	9,8	10,8	10,5	11,0
Referenzwert	9,1	8,0	7,8	-	-	-

Quelle: EWI Konvergenzbericht, S. 113; Europäische Kommission
Anmerkung: Die harmonisierte Reihe für Griechenland beginnt Mitte 1997. Davor waren die Daten auf Näherungswerte gestützt: Von März bis Juni 1997 wurden die Renditen von langfristigen Schuldverschreibungen mit kürzeren Laufzeiten als in den harmonisierten Reihe zugrunde gelegt; vor diesem Zeitraum wurden die Emissionsrenditen von langfristigen Schul verschreibungen mit kürzeren Laufzeiten als in den harmonisierten Reihen zugrunde gelegt.

Abb. 8 GR: Lgfr. Zinssätze

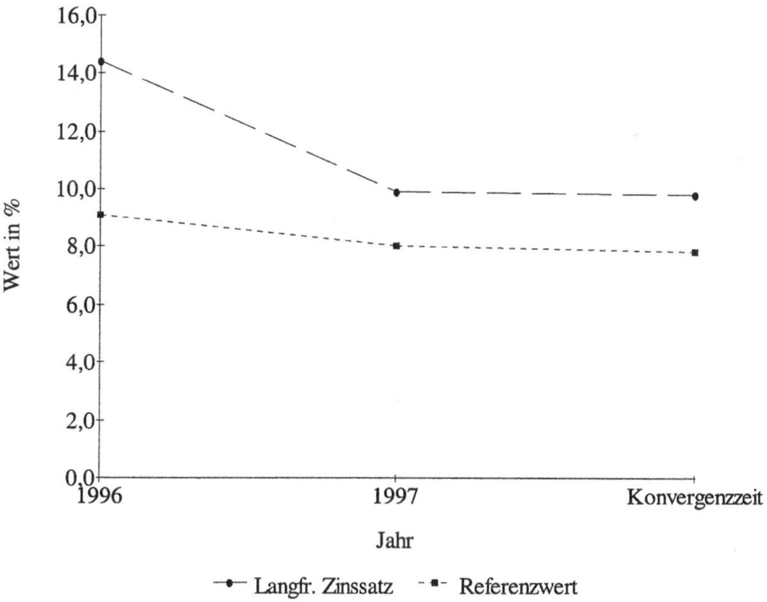

4.1.4. Die volkswirtschaftliche Entwicklung im Kalenderjahr 1997 und in den ersten Monaten des Jahres 1998

Im Jahre 1997 verzeichnete die griechische Volkswirtschaft einen lebhaften Konjunkturaufschwung.[1] Lag 1996 die Wachstumsrate des realen BIP bei 2,4%, so stieg diese 1997 auf 3,4% an. Dazu trug ausschließlich die Inlandsnachfrage bei, während der Außenbeitrag mit –1,1%, auf gleichem, negativem Niveau wie im Vorjahr verharrte.

Verglichen mit einer Reduzierung der Anzahl der Beschäftigten im Vorjahr (von 0,9% in 1995 auf –0,4% in 1996) konnte die Beschäftigung 1997 geringfügig (um 0,1%-Punkte) zulegen. Entsprechend minimal veränderte sich auch die Arbeitslosenquote (von 9,8% in 1996 auf 9,7% in 1997).

Das Zinsniveau war 1997, so wie in den davor liegenden Jahren, ebenfalls rückläufig: Der Durchschnittssatz der kurzfristigen Zinssätze (Dreimonatszinssätze) in % p.a. belief sich auf 12,9% gegenüber 13,8% in 1996. Noch stärker fielen die langfristigen Zinssätze: So ermäßigte sich der Durchschnittszinssatz im Zehnjahresbereich von 14,6% in 1996 auf 10,2% im Berichtsjahr. Die Entwicklung an der Zinsfront war 1997 jedoch nicht einheitlich. Die ersten fünf Monate des Jahres waren durch eine Überliquidität des Bankensektors gekennzeichnet, die durch starke Kapitalzuflüsse aus dem Ausland induziert wurde. Diese wiederum wurden durch das erhebliche Zinsgefälle sowie die Kreditexpansion im Inland, primär bedingt durch die starke Kreditnachfrage des öffentlichen Sektors, verursacht. Durch geeignete Maßnahmen der Zentralbank konnte in dieser Zeit sukzessive die überschüssige Liquidität teilweise absorbiert und ein Kapitalabfluss eingeleitet werden, der seinerseits ebenfalls Liquidität abschöpfte und in der Folge das Zinsniveau anhob. Auf diese Weise konnte im weiteren Jahresverlauf und bis Oktober die eingeschlagene Antiinflationspolitik erfolgreich fortgesetzt werden.

In Turbulenzen geriet die griechische Volkswirtschaft durch die Asien-Krise Ende Oktober 1997. Waren in den zehn Monaten Januar bis Oktober 1997 die Erfolge im Hinblick auf die Maastricht-Kriterien betreffend Wechselkurs und langfristige Zinsen beachtenswert, so gefährdete nun die Asien-Krise die beiden Politikbereiche der Bank von Griechenland besonders stark. Für den Druck auf die griechische Währung zeichneten zwar die Devisenmärkte verantwortlich, wo aufgrund der Währungsturbulenzen in Südostasien die Zinssätze erheblich stiegen, Ausmaß und Dauer dieser negativen Entwicklung hatten jedoch mit den

1 Siehe Tab. 10, S. 75.

Problemen der griechischen Wirtschaft selbst zu tun. Leistungsbilanzdefizite, Einbußen bei der Wettbewerbsfähigkeit, Auslandsschulden des privaten und öffentlichen Sektors sowie die Erwartungen der Devisenmärkte hinsichtlich der Einbindung der Drachme in den Wechselkursmechanismus des EWS und des sich dabei einzustellenden Wechselkurses der griechischen Währung sind hier zu nennen. Dennoch konnte die griechische Zentralbank durch höhere Zinssätze und Interventionen auf den Devisenmärkten den Druck weitgehend von der Drachme nehmen.

Gleich zu Beginn des Jahres 1998 geriet die griechische Währung erneut unter Druck und Kapital floss ab. Die Bank von Griechenland reagierte am 9. Januar 1998 mit einer Anhebung des Lombardsatzes um 400 Basispunkte auf 23,0% sowie einer Senkung des zu lombardierenden Kreditrahmens um 50% je Kreditinstitut. Die Entwicklung in den nächsten zwei Monaten verlief zufriedenstellend und es wurden wieder Kapitalzuflüsse verzeichnet, so dass eine leichte Senkung der Leitzinsen eingeleitet werden konnte; diese fiel deswegen moderat aus, weil einerseits die Währungsunruhen in Südostasien wieder aufflammten und andererseits manche Institute die Einbindung der Drachme in den Wechselkursmechanismus des EWS mit gleichzeitiger Abwertung der griechischen Währung für Mai 1998 für wahrscheinlich hielten.

In den ersten zwei Monaten des Jahres 1998 entwickelte sich auch die Zahlungsbilanz des Landes positiv; so konnten das Leistungsbilanzdefizit verbessert und die Devisenreserven um 1,8 Mrd. US$ aufgestockt werden. Die Inflationsrate ermäßigte sich in dieser Zeit auch, von 4,7% im Dezember 1997 auf 4,3 im Februar 1998.

Mit Ausnahme der Zinssätze, die weiterhin auf relativ hohem Niveau lagen, konnten die makroökonomischen Indikatoren stabilisiert werden und die Zeit schien günstig, die EWS-Aufnahme zu beantragen.

Für die Griechen galt also als erstes, neben der langwierigen Inflationsbekämpfung, diese Hürde zu nehmen und stabile Wechselkurse einzuführen.

Die zur Inflationsbekämpfung notwendige Politik des teueren Geldes, die seit 1996 vermehrt zum Zuge kam, verursachte eine de facto Aufwertung der Drachme gegenüber den relevanten Währungen des Eurosystems. Die griechische Währung galt jedoch an den Finanzmärkten seit längerer Zeit aufgrund des enormen Strukturanpassungsbedarfs als überbewertet und so richtete sich die internationale Spekulation gegen die Drachme (es wurden immer mehr Drachmen gegen andere Währungen verkauft). Zum Schluss musste die griechische Regierung Dreimonatszinsen von 15-20 Prozent zahlen, um den überhöhten Wechselkurs halten zu können. Es half alles nichts; die griechische Zentralbank konnte trotz der massiven Interventionen zur Stützung der Drachme eine Abwertung von knapp 10% nicht verhindern.

Tab. 10 GR: Makroökonomische Indikatoren 1992-1998
(soweit nicht anders angegeben, Veränderung gegen Vorjahr in %)

	1992	1993	1994	1995	1996	1997	1998
Reales BIP	0,7	-1,6	2,0	2,1	2,4	3,2	3,7
Wachstumsbeitrag zum realen BIP: 1)							
Reale Inlandsnachfrage einschließlich Vorratsveränderungen	-0,6	-1,0	1,3	4,2	3,1	3,7	3,6
Außenbeitrag	1,3	-0,6	0,7	-2,1	-0,8	-0,5	0,1
HVPI	-	-	-	-	7,9	5,4	4,5
Einkommen aus unselbständiger Arbeit je Arbeitnehmer	11,8	9,8	10,8	12,9	11,8	11,0	6,3
Lohnstückkosten (Gesamtwirtschaft)	12,6	12,7	10,7	11,6	10,6	7,1	2,8
Einfuhrpreise	12,1	7,7	5,8	6,8	3,6	2,1	5,8
Leistungsbilanz einschließlich Vermögensübertragungen (% des BIP)	-2,1	-0,8	-0,1	-2,5	-3,7	-4,0	-3,4
Beschäftigung	1,4	1,0	1,9	0,9	1,3	-0,5	0,2
Arbeitslosenquote (% der Erwerbspersonen)	7,6	7,1	7,2	7,1	7,5	7,9	9,9
Finanzierungssaldo (% des BIP) 2) 3)	-12,8	-13,8	-10,0	-10,3	-7,5	-3,9	-2,4
Bruttoverschuldung (% des BIP) 2)	98,8	111,6	109,3	110,1	112,2	109,4	106,5
Dreimonatszinssatz in % p.a. 4)	19,8	19,1	26,9	16,4	13,8	12,9	13,9
Zinssatz für zehnjährige Anleihen (in % p.a.) 4)	-	-	-	-	-	9,9	8,5
Wechselkurs gegenüber der ECU 4) 5)	247	268	288	303	306	309	331

Quellen: Jahresbericht 1998 der EZB, S. 60, Eurostat, Europäische Kommission, nationale Statistiken und EZB-Berechnungen.
1) Prozentpunkte.
2)Gesamtstaat; Entspricht der Definition gemäß Maastricht-Kriterium.
3) Haushaltsüberschuss (+) oder -defizit (-).
4) Durchschnittssätze der Berichtszeiträume.
5) Nationale Währungseinheiten pro ECU.

4.2. Teilnahme der Drachme an den Wechselkursmechanismen EWS und WKM II und Entwicklung der griechischen Wirtschaft im Jahr 1998

4.2.1. Die Einbindung der griechischen Währung in das EWS

Am 13. März 1998 ersuchte die griechische Regierung den Währungsausschuss der Europäischen Union um Aufnahme in das Europäische Währungssystem, um der internationalen Spekulation ein Ende zu bereiten, so die offizielle Begründung. Zugleich bestätigte sie, dass Griechenland im Jahr 2001 der Europäischen Währungsunion beitreten wollte. Das Ersuchen wurde seitens der Minister und Zentralbankpräsidenten der EU- Mitgliedsländer und nach Anhörung des Währungsausschusses positiv beschieden. Insofern stellte die Entscheidung der Europäischen Union auch eine Anerkennung der bis dahin erfolgten griechischen Reform- und Konsolidierungsbemühungen dar.

Auf Bitten der griechischen Regierung und unter Einbindung der Europäischen Kommission und des Europäischen Währungsinstituts wurde zum gleichen Zeitpunkt und mit Wirkung vom 16. März 98 die Drachme in das Europäische Währungssystem eingebunden. Der Leitkurs der griechischen Währung wurde mit 357,68 Drachmen zur Ecu festgesetzt, während die Bandbreite um diesen Leitkurs ± 15% betrug.[1] Dieser Leitkurs entsprach einer Abwertung von 12,3% gegenüber den vorherrschenden Marktsätzen.

Der Zeitpunkt für die Aufnahme Griechenlands in das Europäische Währungssystem war von den griechischen Behörden optimal gewählt. Die Marktteilnehmer wurden überrascht, da es vor diesem Zeitpunkt keine Hinweise gab, weder von der Zentralbank noch von der Regierung. Ein weiterer Devisenabfluss konnte auf diese Weise unterbunden werden. So konnte am 30. März die Bank von Griechenland die Anhebung des Lombardsatzes vom 9. Januar 1998 wieder rückgängig machen: Sie reduzierte den Lombardsatz um 400 Basispunkte auf 19% und ermäßigte gleichzeitig den Satz für die Bereitstellung von Liquidität bis zum nächsten Geschäftstag um 200 Basispunkte auf 22,0%.

Auch die Spekulation gegen die Drachme hörte nach der Abwertung und der Einbindung in das Europäische Währungssystem auf. Die zur Inflationsbekämpfung erforderliche Politik der Erstarkung der griechischen Währung hätte

1 Die Bandbreite von ± 15% impliziert, dass die Drachme innerhalb des Bandes um 30% gegenüber der ECU auf- oder abwerten konnte.

nämlich durch die Spekulation gegen die Drachme Schaden genommen. Sicherlich, jede Abwertung wirkt tendenziell inflationär und so belastete die Abwertung den Preisindex zusätzlich.

4.2.2. Die Teilnahme der griechischen Währung am WKM II

Am 1. September 1998 schlossen die EZB und die nationalen Zentralbanken der nicht dem Euro-Währungsgebiet angehörenden EU-Mitgliedstaaten (Dänemark, Griechenland, Schweden und das Vereinigte Königreich) ein Abkommen über die Funktionsweise eines Wechselkursmechanismus in der dritten Stufe der Wirtschafts- und Währungsunion („WKM-II-Abkommen", häufig auch als EWS II bezeichnet). Mit diesem Abkommen wurde das Interventionsverfahren mit Wirkung vom 1.1.1999 festgelegt.

Über den neuen Wechselkursmechanismus werden die Währungen der Länder, die den Euro einführen wollen, an den Euro gebunden. Die Teilnahme an diesem System ist freiwillig, aber Voraussetzung für eine spätere Aufnahme in die Währungsunion. Für Währungen, die an dem neuen Wechselkursmechanismus teilnehmen, wird ein Leitkurs zum Euro festgesetzt. Er kann bei Bedarf verändert (auf- oder abgewertet) werden. Von diesem Euro-Leitkurs dürfen die Tageskurse der Währungen, die an den Devisenbörsen festgestellt werden, nur innerhalb einer gewissen Bandbreite abweichen (bis zu 15% darüber oder darunter). Die Bandbreite kann für einzelne EU-Staaten, die nicht dem Euro-Währungsgebiet angehören, auf deren Antrag hin verengt werden.

Die Europäische Zentralbank ist verpflichtet, schwache Währungen des „WKM II" durch Ankauf zu stützen, allerdings nur, soweit dadurch nicht die Stabilität des Euro gefährdet wird. Sollte diese Gefahr bestehen, ist die EZB von dieser Pflicht befreit. Die Stabilität des Euro ist und bleibt vorrangiges Ziel der Europäischen Zentralbank.

Änderungen des Euro-Leitkurses (also Auf- oder Abwertungen) einer Währung können notwendig werden, z.B. wenn Preise und Löhne sich in einem Land erheblich anders entwickeln als in den Ländern der Währungsunion, so dass dadurch der Wettbewerb im Handel über die Grenzen verzerrt wird. Wenn das betreffende Land zu einer solchen Änderung nicht bereit ist (weil es sich vom Fortbestand des unkorrekten Leitkurses Vorteile verspricht), kann die Europäische Zentralbank die Initiative ergreifen und Beratungen der Finanzminister über eine Änderung der Leitkurse verlangen.

Am 26. September 1998 wurde in einem gemeinsamen Verfahren vereinbart, dass Griechenland und Dänemark ihre Teilnahme von WKM-I auf WKM-II ausdehnen und somit ihre Währungen an den Euro binden. Sie vereinbarten, dass die dänische Krone mit einer Schwankungsbreite von ± 2,25% und die griechische Drachme mit der Standardschwankungsbreite von ± 15% am WKM II teilnehmen. Diese Vereinbarungen traten mit der Öffnung der Devisenmärkte am 4. Januar 1999 in Kraft.

4.2.3. Die volkswirtschaftliche Entwicklung im Jahr 1998

Auch im Jahr 1998 setzte sich der Konjunkturaufschwung in Griechenland fort.[1] Die Wachstumsrate des realen BIP konnte von 3,4% 1997 auf 3,7% im Berichtsjahr gesteigert werden. Zu dieser Wachstumssteigerung haben vornehmlich die privaten und staatlichen Investitionen [2] beigetragen. Die Bruttoanlageinvestitionen stiegen 1998 um 8,1%.

Die Wachstumsrate der privaten Konsumausgaben hingegen verzeichnete einen Rückgang auf 2,1%; Lohnzurückhaltung, eine leicht steigende Steuerbelastung sowie ein abwertungsbedingter Terms-of-Trade-Effekt [3] haben dazu beigetragen. Trotz des hohen Beschäftigungszuwachses im Jahr 1998 von 3,4% (Vorjahr: -0,3%) [4] verzeichnete die Arbeitslosenquote mit 10,9% (1997: 9,7%) einen starken Anstieg.

Das Handelsbilanzdefizit lag mit rund 13% des BIP unter dem Vorjahresniveau (ca. 15% des BIP); dies ist darauf zurückzuführen, dass der zuvor erwähnte negative Terms-of-Trade-Effekt durch den positiven Effekt verbilligter Energieeinfuhren überkompensiert werden konnte. Dies bewirkte auch, dass das Defizit in der Leistungsbilanz von –4% des BIP 1997 auf –3% des BIP im Berichtsjahr reduziert werden konnte.

Trotz erneuter Steigerung des BIP, konnte die Inflationsrate, gemessen am HVPI, im Jahresdurchschnitt weiter sinken (von 5,4% im Vorjahr auf 4,5% im Berichtsjahr). Der Abwärtstrend bei der Inflationsentwicklung war jedoch wäh-

---

1 Siehe Tab. 11, S. 81.

2 Die staatlichen Investitionen sind gekoppelt an EU-Strukturfonds.

3 Es handelt sich um die Abwertung bei der Eingliederung der Drachme in den Wechselkursmechanismus des EWS in Höhe von 12,3%.

4 Der hohe Beschäftigungszuwachs hängt damit zusammen, dass 1998 200.000 ehemals illegale Einwanderer eine Arbeitserlaubnis erhielten. Vgl. Europäische Zentralbank Jahresbericht 1999, S. 68, Fn. 1.

rend des Jahres nicht einheitlich: Im April 1998 erreichte sie abwertungsbedingt ihren höchsten Stand von 5,1% und sank dann bis Jahresende fast kontinuierlich auf 3,5%. Der Rückgang der Inflationsrate im Jahresdurchschnitt ist auf folgende Faktoren zurückzuführen: Langsamerer Anstieg der Lohnstückkosten; Lohnzurückhaltung, vor allem durch die Erwartung eines weiteren Inflationsrückgangs und die inflationsdämpfenden Lohnabschlüsse im privaten und öffentlichen Sektor sowie anhaltende Produktivitätssteigerung. Die preistreibende Wirkung der Abwertung bei der Einbindung der Drachme in das EWS konnte durch Verbilligung von saisonalen Nahrungsmitteln und internationalen Rohölpreisen aufgehoben werden.

Nach der EWS-Teilnahme der griechischen Währung wurde seitens der inzwischen unabhängig gewordenen griechischen Zentralbank der Wechselkurspolitik besondere Aufmerksamkeit geschenkt, avancierte der Wechselkurs zu einem Zwischenziel der Zentralbankpolitik und zum Instrument der Antiinflationsstrategie. Zwischen Anfang April und Anfang August konnte die Drachme 6% an Wert gegenüber der ECU zulegen. Im späteren August-Verlauf büßte zwar die griechische Währung aufgrund der Russland-Krise (russisches Schuldenmoratorium) fast 4% ihres Wertes ein, konnte jedoch im weiteren Verlauf des Jahres 1998 diesen Verlust nicht nur wettmachen, sondern erneut an Wert zulegen. Die tendenzielle Aufwertung der griechischen Währung gegenüber der ECU setzte sich somit, mit Ausnahme der August-Werte, bis zum Jahresende fort und schloss zum Ultimo mit 8,2% über ihrem bilateralen Kurs ab. Auf diese Weise konnte die März-Abwertung zu einem großen Teil aufgefangen werden. Diese positive Entwicklung wurde durch anhaltend rückläufige Inflationsraten sowie die fortgesetzt restriktive Geldpolitik der griechischen Zentralbank ermöglicht.

Die Zinssätze waren sowohl am kurzen als auch am langen Ende per Saldo rückläufig: Nach der EWS-Einbindung gaben die kurzfristigen Zinssätze nach. Diese Entwicklung setzte sich bis Ende 1998 fort, mit einer Ausnahme: In der zweiten Augusthälfte wurden die Finanzmärkte, aufgrund der vorhin genannten Russland-Krise, stark belastet und die kurzfristigen Zinssätze in Griechenland zogen an. So stiegen die Dreimonatszinssätze im Verlauf des Monats um 5-6 Prozentpunkte auf rund 18,5%. Die Differenz der griechischen Dreimonatszinsen gegenüber dem Durchschnitt der Mitgliedstaaten der EWU erreichte im relevanten Dreimonatszeitraum 50 Basispunkte (von 9,1% Ende Juni 1998 auf 9,6% Ende September 1998) fiel aber Ende des Jahres auf 8,6% zurück.[1] Auch der Abstand zu den deutschen Dreimonatszinsen vergrößerte sich Ende August auf fast 15 Prozentpunkte, um, nach Ablauf der Krise, schnell wieder auf den Stand

1 Siehe. Tab. 7´(b), S. 116.

vor der Krise (rund 9,5 Prozentpunkte) zurückzufallen.[1] Zum Jahresende lagen die griechischen Dreimonatszinssätze jedoch immer noch erheblich höher als die deutschen (um 8,7 Prozentpunkte).

Die sinkende Tendenz der langfristigen Zinssätze in Griechenland im Jahr 1998 wurde, ebenfalls durch die Russland-Krise, vorübergehend unterbrochen. Die krisenbedingten Spannungen am griechischen Rentenmarkt verursachten einen weit größeren Abstand zwischen den langfristigen Zinssätzen in Griechenland und dem durchschnittlichen Zinssatz für zehnjährige Benchmark-Anleihen im Euro-Gebiet. Diese Differenz stieg von 2,9 Prozentpunkten Ende Juli auf 4,2 Prozentpunkte Ende August und erreichte im Oktober mit 4,7 Prozentpunkten ihren höchsten Wert. Ab November wurde das Zinsgefälle sukzessive kleiner und gelangte im Januar 1999 auf den gleichen Stand, wie vor der Krise. [2]

---

1 Vgl. Bericht der Kommission 2000, S. 28, Fußnote 16.
2 ebda., S. 30.

Tab. 11 GR: Makroökonomische Indikatoren 1993-1999
(soweit nicht anders angegeben, Veränderung gegen Vorjahr in %)

	1993	1994	1995	1996	1997	1998	1999
Reales BIP	-1,6	2,0	2,1	2,4	3,4	3,7	3,5
Wachstumsbeitrag zum realen BIP: 1)							
Reale Inlandsnachfrage einschließlich Vorratsveränderungen	-1,0	1,3	4,2	3,5	4,4	3,4	3,9
Außenbeitrag	-0,6	0,7	-2,1	-1,1	-1,1	0,3	-0,4
HVPI	.	.	.	7,9	5,4	4,5	2,3
Arbeitnehmerentgelt je Arbeitnehmer	9,8	10,8	12,9	8,8	12,4	5,8	4,8
Lohnstückkosten (Gesamtwirtschaft)	12,6	10,7	11,6	5,9	8,4	5,5	2,5
Einfuhrpreise	7,7	5,8	6,8	5,0	2,2	5,1	0,6
Leistungsbilanz einschließlich Vermögensübertragungen (% des BIP)	-0,8	-0,1	-2,4	-3,6	-4,0	-3,0	-2,7
Beschäftigung	0,9	1,9	0,9	-0,4	-0,3	3,4	1,2
Arbeitslosenquote (%der Erwerbspersonen)	8,6	8,9	9,1	9,8	9,7	10,9	10,5
Finanzierungssaldo (% des BIP) 2) 3)	-13,8	-10,0	-10,2	-7,4	-3,9	-2,5	-1,6
Bruttoverschuldung (% des BIP) 3)	116,9	109,3	108,7	111,3	108,5	105,4	104,4
Dreimonatszinssatz in % p.a. 4)	19,1	26,7	16,4	13,8	12,9	13,9	10,3
Langfristiger Zinssatz (Zehnjahresbereich) in % p.a. 4)	23,4	20,9	17,3	14,6	10,2	8,5	6,3
Wechselkurs gegenüber der ECU bzw. dem Euro 4) 5)	268	288	303	306	309	331	326

Quellen: Jahresbericht 1999 der EZB, S. 69; Eurostat, Europäische Kommission, nationale Statistiken und EZB-Berechnungen.
Anmerkung: Die Daten der Volkswirtschaftlichen Gesamtrechnung beruhen auf dem ESVG 95.
1) Prozentpunkte.
2) Entspricht der Definition gemäß Maastricht-Kriterium.
3) Haushaltsüberschuss (+) oder -defizit (-) des Staates.
4) Durchschnittssätze der Berichtszeiträume.
5) Nationale Währungseinheiten pro ECU bis Ende 1998; danach pro Euro.

4.3. Die wirtschaftliche Entwicklung des Landes im Jahr 1999, dargestellt anhand der Konvergenzprüfung im Jahr 2000

4.3.1. Die Konvergenzberichte der EZB und der Kommission

Griechenland und Schweden erfüllten nach den Konvergenzberichten des EWI und der Kommission aus dem Jahre 1998 nicht die notwendigen ökonomischen Voraussetzungen, um die Einheitswährung einführen zu können.[1] Mitgliedsländern, die 1998 die erforderlichen Voraussetzungen nach Artikel 121 Absatz 1 EG-Vertrag nicht erfüllten, wurde der Status von „Mitgliedstaaten, für die eine Ausnahmeregelung gilt" verliehen. Für Schweden und Griechenland galt also eine solche Ausnahmeregelung, während Dänemark und das Vereinigte Königreich, wie bereits erwähnt, sich vorbehalten hatten, nicht an der Währungsunion teilzunehmen.

Im Hinblick auf die Mitgliedstaaten, für die eine Ausnahmeregelung gilt, heißt es im Artikel 122 Absatz 2 des EG-Vertrags:

„Mindestens einmal alle zwei Jahre bzw. auf Antrag eines Mitgliedstaats, für den eine Ausnahmeregelung gilt, berichten die Kommission und die EZB dem Rat nach dem Verfahren des Artikels 121 Absatz 1. Der Rat entscheidet nach Anhörung des Europäischen Parlaments und nach Aussprache im Rat, der in der Zusammensetzung der Staats- und Regierungschefs tagt, auf Vorschlag der Kommission mit qualifizierter Mehrheit, welche der Mitgliedstaaten, für die eine Ausnahmeregelung gilt, die auf den Kriterien des Artikels 121 Absatz 1 beruhenden Voraussetzungen erfüllen und hebt die Ausnahmeregelungen der betreffenden Mitgliedstaaten auf."

Griechenlands Wirtschafts- und Finanzminister hat am 9. März 2000 in einem Schreiben an den Präsidenten der EZB gebeten, Griechenlands Antrag auf Aufhebung seines Status als Mitgliedstaat, für den eine Ausnahmeregelung gilt, zu prüfen. Darüber hinaus waren seit Vorlage der Konvergenzberichte des EWI und der Kommission (25. März 1998) sowie seit der Entscheidung des Rates über die elf Teilnehmerstaaten der ersten Runde (3. Mai 1998) zwei Jahre vergangen und eine erneute Prüfung der Konvergenzlage der Mitgliedstaaten, für die eine Ausnahmeregelung galt, stand an.

---

1 Siehe auch Punkt 4.1.1., S. 41 f.

Die Ratsentscheidung darüber, welcher Mitgliedstaat die Konvergenzkriterien des Artikels 121 Absatz 1 erfüllt, knüpft an im EG-Vertrag festgelegte Verfahren an, die sich jedoch bei den Konvergenzberichten 1998 und 2000 unterscheiden. Die Konvergenzberichte aus dem Jahre 1998 stützten sich auf das Verfahren nach Artikel 121 Abs. 2 und 4, während sich die Ratsentscheidung im Anschluss an die Konvergenzprüfung des Jahres 2000, über Mitgliedstaaten, für die eine Ausnahmeregelung gilt, nach dem Verfahren des Artikels 122 Abs. 2 EG-Vertrag richtete.

So hatte die EZB gemäß Artikel 121 Absatz 1 des EG-Vertrags den Auftrag, dem Europäischen Rat darüber zu berichten, „ inwieweit die Mitgliedstaaten bei der Verwirklichung der Wirtschafts- und Währungsunion ihren Verpflichtungen bereits nachgekommen sind“. Die Europäische Kommission erhielt den gleichen Auftrag und beide Berichte, die den Ausgangspunkt für das Verfahren nach Artikel 122 Abs. 2 EG-Vertrag bildeten, wurden zur gleichen Zeit dem Europäischen Rat vorgelegt.

Die weiteren Schritte nach Artikel 122 Abs. 2 des EG-Vertrags bestanden darin, dass

- die Kommission dem Rat einen Vorschlag dahingehend unterbreitet, bei welchem der Mitgliedstaaten, für die eine Ausnahmeregelung gilt, diese aufgehoben werden soll.

- das Europäische Parlament angehört wird.

- im Rat, der in der Zusammensetzung der Staats- und Regierungschefs tagt, eine Aussprache stattfindet.

- auf Vorschlag der Kommission der ECOFIN-Rat mit qualifizierter Mehrheit auf der Basis der Konvergenzkriterien des Artikels 121 Abs. 1 darüber entscheidet, welche der Mitgliedstaaten, für die eine Ausnahmeregelung gilt, die Voraussetzungen für die Aufhebung der Ausnahmeregelung erfüllen.

Die Konvergenzprüfung selbst basierte auf den gleichen Konvergenzkriterien wie die aus dem Jahr 1998. Auch die Prüfung der rechtlichen Konvergenz betreffend die Vereinbarkeit der innerstaatlichen Rechtsvorschriften mit dem EG-Vertrag und der ESZB-Satzung war erneut Gegenstand der beiden Konvergenzberichte aus dem Jahre 2000.

Das Analyseschema des EWI im Hinblick auf die Konvergenzkriterien des Artikels 121 Abs. 1 EG-Vertrag ist auch Grundlage der Konvergenzprüfung des Jahres 2000 der EZB. Auch der Konvergenzbericht der Kommission aus dem gleichen Jahr verweist bei der Interpretation und Anwendung der Konvergenzkriterien auf den Kommissionsbericht des Jahres 1998. Beide Institutionen legen Wert darauf, dass die Mitgliedstaaten, für die eine Ausnahmeregelung gilt, nach den gleichen Verfahren und Methoden geprüft und beurteilt werden wie die Teilnehmerstaaten der ersten Runde. Auf diese Weise soll der Grundsatz der Gleichbehandlung gewahrt bleiben. Es ist allerdings auch auf die Fakten und ihre Folgen hinzuweisen, die mit der Einführung des Euro am 1.1.1999 einhergingen. Davon ist das Wechselkurskriterium unmittelbar betroffen; hier hat sich der Bezugsrahmen insofern geändert, als die ECU durch den Euro und der EWS-Wechselkursmechanismus (WKM I) durch WKM II zum 1.1.1999 ersetzt wurden. Auch die Inflationsauswirkungen durch die einheitliche Geldpolitik der EZB im neuen Euro-Gebiet sind zu berücksichtigen.

4.3.2. Griechenlands rechtliche Konvergenz im Jahr 1999/2000

Der Beschluss der Aktionäre der Bank von Griechenland vom 22. Dezember 1997, nach dem das Gesetz 2548/1997 in die Satzung der griechischen Zentralbank aufgenommen worden war, wurde vom Nationalparlament durch das Gesetz 2609/1998 gebilligt und am 11. Mai 1998 im Gesetzblatt verkündet. Im Hinblick auf die Unabhängigkeit der griechischen Zentralbank sahen das EWI und die Kommission schon 1998 und nachdem die Satzung der Bank von Griechenland durch das Gesetz 2548/1997 abgeändert worden war, keine weiteren Unvereinbarkeiten mit den Anforderungen des EG-Vertrags und der ESZB-Satzung für Stufe Drei.[1] Die durch das Gesetz 2548/1997 abgeänderte Satzung der Bank von Griechenland, berücksichtigt sowohl die Möglichkeit, dass Griechenland ein Mitgliedsland wird, für das eine Ausnahmeregelung gilt, als auch die Möglichkeit, dass das Land den Euro einführt.

Das EWI und die Kommission haben jedoch in ihren Konvergenzberichten 1998, wie bereits erwähnt,[2] auch darauf hingewiesen, dass in der neuen Satzung der Bank von Griechenland (mittlerweile im Gesetz 2609/1998 enthalten) Nachbesserungsbedarf im Hinblick auf zwei Aspekte besteht, dem Rechnung getragen werden muss, bevor Griechenland den Euro einführt.

---

1 Siehe auch Punkt 4.1.2., S. 43.
2 Siehe auch Punkt 4.1.2.2., S. 45.

Um diese Unvereinbarkeiten zu beseitigen und um eine feinere Abstimmung der rechtlichen Integration der Bank von Griechenland in das ESZB vornehmen zu können, wurde die Satzung der griechischen Zentralbank auf der Hauptversammlung der Anteilseigner am 25. April 2000 erneut geändert. Zuvor (24. März 2000) legte die Bank von Griechenland der EZB einen Entwurf der geänderten Satzung zur Anhörung vor.[1]

Die Nachbesserungen erstreckten sich auf Artikel 7.4 (Mindestreserven) und Artikel 2.4 (Beteiligung an internationalen Währungseinrichtungen).[2] Artikel 2.4 wurde durch Artikel 2 letzter Gedankenstrich der neuen Satzung insofern nachgebessert, als die Notwendigkeit der Zustimmung der EZB für die Beteiligung der Bank von Griechenland an internationalen Währungseinrichtungen ausdrücklich anerkannt wurde. Der Artikel 7.4 wurde durch Artikel 55 Nummer 21 Abs. 2 der neuen Satzung nachgebessert, indem der rechtliche Rahmen des ESZB für allein zuständig erklärt wird, die Befugnis zur Anordnung von Mindestreserven und damit zusammenhängenden Belangen nach Einführung des Euro in Griechenland zu regeln.

Die Satzungsänderungen dienten auch der vollständigen rechtlichen Integration der Bank von Griechenland in das ESZB. So wurde in der neuen Satzung anerkannt, dass sämtliche Aufgaben im Rahmen des ESZB nach den Bestimmungen der ESZB-Satzung durchzuführen sind. Die Satzungsänderungen bewirkten aber auch, dass die Rechtslage der Bank von Griechenland im Hinblick auf zentralbankfähige Sicherheiten innerhalb des Eurosystems verbessert wurde. Es handelt sich dabei um zentralbankfähige Sicherheiten, die die Bank von Griechenland im eigenen Namen oder im Namen der EZB oder anderer NZBen akzeptiert. Solche zentralbankfähigen Sicherheiten enthalten nämlich Bestimmungen, in denen die Vorrechte bei der Bestellung und Verwertung von Sicherheiten, die von der Bank von Griechenland akzeptiert werden, geregelt sind.

Die EZB stellte ferner fest, dass aus Gründen der Rechtssicherheit und -klarheit, gemäß Artikel 109 des EG-Vertrags, die Bestimmungen des Gesetzes 2548/1997 nach Annahme des Gesetzes 2609/1998 überholt seien und per Gesetz aufgehoben werden müssten.

---

1 Gemäß Artikel 105 Abs. 4 zweiter Gedankenstrich des EG-Vertrags, s. Anhang III, S. 173 sowie Artikel 4 Buchstabe a zweiter Gedankenstrich der Satzung des ESZB. Die neue Satzung der Bank von Griechenland trat nach Billigung des Nationalparlaments und Verkündung im Gesetzblatt am 1. Januar 2001 in Kraft.

2 Siehe auch Punkt 4.1.2.2., S. 45.

Neben der Satzung wurden seitens der griechischen Zentralbank rechtliche Anpassungen auf folgenden Gebieten in Aussicht gestellt:[1] Währungs- und Devisengesetze, Münzgesetz, Begebung von Anleihen, Gesellschaftsrecht, Steuergesetzgebung und Landwirtschaft. Unter Federführung des griechischen Wirtschaftsministeriums sollte ein Ausschuss die Gesetzentwürfe koordinieren und den Entwurf eines Rahmengesetzes zur Einführung des Euro zu Ende ausarbeiten, unter Berücksichtigung von Änderungen und Vorschlägen der involvierten Stellen.

Die EZB kam im April 2000 zu dem Schluss, dass hinsichtlich der Anforderungen über die Vereinbarkeit mit EG-Vertrag und ESZB-Satzung ein weiterer Nachbesserungsbedarf in Bezug auf die vollständige rechtliche Integration der Bank von Griechenland in das ESZB dann nicht mehr besteht, wenn:

- die neue Satzung der Bank von Griechenland vom Parlament gebilligt und rechtzeitig bis zum 31. Dezember 2000 im Gesetzblatt verkündet wird, d.h. in Kraft tritt.

- die Gesetzgebungsverfahren zwecks Aufhebung der betreffenden Bestimmungen im Gesetz 2548/1997 dringend abgeschlossen werden müssen.

Im Hinblick auf die Anpassung anderer Vorschriften neben der Satzung der Bank von Griechenland wurde von der EZB festgestellt, dass diese Anpassung in einem Gesetz zur Einführung des Euro erfolgen soll, zu dem die EZB angehört werden muss.[2]

4.3.3. Griechenlands wirtschaftliche Konvergenz im Jahr 1999/2000

4.3.3.1. Wichtige Aspekte bei der Prüfung der wirtschaftlichen Konvergenz in der Stufe Drei

Ausgehend von den Bestimmungen des EG-Vertrags in Bezug auf Artikel 122 Absatz 2 in Verbindung mit Artikel 121 Abs. 1 betreffend Mitgliedstaaten, für

1 Die EZB wurde von der Bank von Griechenland am 24. März 2000 über diese Anpassungen informiert. Vgl. Konvergenzbericht 2000 der EZB, a.a.O., S. 74.

2 Gemäß Artikel 105 Abs. 4 zweiter Gedankenstrich des EG-Vertrags (s. auch Anhang III, S. 173) und Artikel 4 Buchstabe a zweiter Gedankenstrich der ESZB-Satzung.

die eine Ausnahmeregelung gilt, war in den Konvergenzberichten 2000 der EZB und der Kommission, so wie in den entsprechenden Konvergenzberichten des Jahres 1998, außer der Vereinbarkeit der innerstaatlichen Vorschriften mit dem EG-Vertrag und der ESZB-Satzung auch zu prüfen, „inwieweit die Mitgliedstaaten bei der Verwirklichung der Wirtschafts- und Währungsunion ihren Verpflichtungen bereits nachgekommen sind" und ob ein hoher Grad an nachhaltiger Konvergenz erreicht war. Diese Prüfung der wirtschaftlichen Konvergenz wurde, so wie 1998, mit Hilfe der vier Konvergenzkriterien bezüglich Preisentwicklung, Fiskalpolitik, Wechselkursentwicklung sowie Entwicklung des langfristigen Zinssatzes vorgenommen. Die sonstigen Faktoren wurden genauso behandelt wie bei der Konvergenzprüfung 1998.

4.3.3.1.1. Die Preisentwicklung in Griechenland

Die Bestimmungen des EG-Vertrags wurden, so wie bei der Konvergenzprüfung der Stufe Zwei, von der EZB und der Kommission einheitlich angewendet. Auf diese Weise wurde der Referenzzeitraum auf 12 Monate und zwar von April 1999 bis März 2000 festgelegt.

Die durchschnittliche Teuerungsrate gemessen am HVPI in Griechenland lag im Referenzzeitraum bei 2,0%. Der Referenzwert in diesem Zeitraum betrug 2,4% [1] und wurde folgendermaßen ermittelt: Die drei Länder, die im Referenzzeitraum die niedrigste HVPI-Inflationsrate aufwiesen, waren Schweden mit 0,8%, Österreich mit 0,9% und Frankreich ebenfalls mit 0,9%., d.h. die durchschnittliche zwölfmonatige HVPI-Inflationsrate betrug 0,9% und der Referenzwert 2,4% (0,9% + 1,5%).[2]

Die griechische HVPI-Inflationsrate lag mit 2,0% um 0,4 Prozentpunkte unter dem Referenzwert. Bezogen auf das gesamte Jahr 1999 erreichte sie mit 2,1% genau den Referenzwert für dieses Jahr.[3]

---

1 Siehe Tab. 1´und Abb. 1´, S. 95.

2 Die griechische durchschnittliche HVPI-Inflation des Referenzzeitraums der Konvergenzprüfung sowie der Jahre davor wurde in Tab. 1´ und in Abb. 1´, S. 42 dargestellt. Die Preisentwicklung von 1990 bis 1999 in Griechenland wurde in Tab. 2´, S. 96 und ausgewählte Inflationsindikatoren in Abb. 2´, S. 97 wiedergegeben.

3 Im Jahresbericht 1999 der EZB, a.a.O., S. 69, Tab. 7 wird der HVPI für dieses Jahr mit 2,3% ausgewiesen. Diese Korrektur um 0,2 Prozentpunkte nach unten wurde vorgenommen, um die Ausgabengewichtung für das Jahr 1998 und den gesamten inländischen Konsum zu aktualisieren.

Die Europäische Kommission hat in ihrem Konvergenzbericht 2000 eine Verifizierung der günstigen Inflationsentwicklung in Griechenland versucht, indem sie die Entwicklung auch mit Hilfe von anderen Inflationsmaßen bewertete. Auf der Grundlage eines Referenzwertes, der sich nicht aus den Inflationsraten der drei preisstabilsten Länder der Europäischen Union, sondern der drei preisstabilsten Länder des Euro-Währungsgebiets bildet, kam die Kommission zu folgendem Ergebnis: Die abgeänderte Konstruktion des Referenzwertes auf der gleichen HVPI-Basis würde bedeuten, dass, durch den Wegfall Schwedens, Deutschland mit 1,1% das dritte preisstabilste Land der EWU wäre. Der so gebildete Referenzwert läge dann bei 2,5% und die griechische HVPI-Inflationsrate läge dann sogar um 0,5 Prozentpunkte niedriger als der Referenzwert.[1]

Die Preisentwicklung im letzten Quartal 1999 und im ersten Quartal 2000 in Griechenland wies kontinuierlich höhere Steigerungsraten auf. Nach dem niedrigsten Septemberwert des Jahres 1999 von 1,3%, stieg die Inflationsrate unaufhörlich an und erreichte Ende März 2000 (Ende des Referenzzeitraums) 2,8%. Die niedrigen Inflationsraten der Monate April bis September 1999 konnten die ungünstige Preisentwicklung der letzten sechs Monate des Referenzzeitraums überkompensieren und so konnte die HVPI-Inflation auf den Wert von 2,0% heruntergeschraubt werden.

Die höheren Steigerungsraten der griechischen Inflation in der zweiten Hälfte des Referenzzeitraums sind vorwiegend auf die Verteuerung des Ölpreises sowie die Aufwertung des US-Dollar zurückzuführen. Ölpreissteigerungen belasten das griechische Preisniveau überdurchschnittlich im Vergleich zum Preisniveau anderer EU-Länder. Legt man jedoch die Kerninflation zugrunde, die seit August 1998 rückläufig war, so verharrte diese in Griechenland seit Ok-

---

1 Über eine andere Auslegung des Inflationskriteriums für Griechenland wurde in der Presse spekuliert. Als es im Mai 1999 für viele Beobachter fast unmöglich schien, dass Griechenland das Inflationskriterium erfüllen würde, wurden Mutmaßungen laut, die EU-Partner Griechenlands würden einen politischen Kompromiss finden, um dem Land in seiner europäischen Ausrichtung zu helfen, die Inflationshürde zu überwinden. Die Rede war von einem Referenzwert speziell für Griechenland, der nicht den Inflations-Durchschnitt der drei preisstabilsten EU-Länder, sondern das Inflations-Mittel aller Länder des Euro-Währungsgebiets zugrunde legen würde. Es wurde dann auch weiter spekuliert, wie andere EU-Länder, wie Italien oder Portugal, die, um den Beitritt in die Währungsunion zu schaffen, sich großen Entbehrungen unterziehen mussten, auf diese Verwässerung des Inflationskriteriums reagieren würden. Vgl. Beiträge von Gerd Höller im Handelsblatt, „Athens Europläne drohen zu scheitern", vom 19. Mai 1999 sowie in der Frankfurter Rundschau, „Griechische Regierung liegt voll auf Euro-Kurs", vom 31. Mai 1999.

tober 1999 auf dem Niveau von 2%. Somit lag die durchschnittliche Kerninflation zwischen Dezember 1999 und März 2000 bei 1,8%.[1]

Die bis 1999 permanent rückläufige Inflationsrate in Griechenland lässt sich anhand der Tabelle 2´ ablesen. Von 20,4% im Jahre 1990 schraubte sich der nationale VPI 1999 auf 2,6% herunter. Auch der HVPI reduzierte sich von 10,3% 1994 auf 2,1% 1999.

Wie bereits an anderer Stelle erwähnt,[2] war der Erfolg bei der Inflationsbekämpfung vorwiegend auf die seit Anfang der neunziger Jahre stabilitätsorientierte Geldpolitik der Bank von Griechenland zurückzuführen. Die „Politik der harten Drachme“ war bis 1996 das Leitmotiv der Anti-Inflationsstrategie des Landes: Primäres Ziel der Geldpolitik war die Rückführung der Inflation, wobei eine weitgehende Wechselkursstabilität zwischen der griechischen Drachme und der ECU als Zwischenziel fungierte. Finanzpolitisch wurde gleichzeitig die Haushaltskonsolidierung betrieben, durch geringere Kosten für den Schuldendienst, Maßnahmen zur Bekämpfung der Steuerhinterziehung und Einnahmensteigerung. Lag das Defizit der öffentlichen Haushalte 1990 bei knapp 16% des BIP, so konnte es 1996 auf 7,8% reduziert werden.[3]

Nachdem die Bank von Griechenland im Dezember 1997 ihre Autonomie erlangt hatte, avancierte die Preisstabilität zum obersten geldpolitischen Ziel (Artikel 1 Abs. 1 der neuen Satzung der Bank von Griechenland).[4]

Die EZB hat den Begriff Preisstabilität klar abgegrenzt: *„Preisstabilität wird definiert als Anstieg des Harmonisierten Verbraucherpreisindex (HVPI) für das Euro-Währungsgebiet von unter 2% gegenüber dem Vorjahr“*. In Einklang mit dieser Definition *„muss Preisstabilität mittelfristig beibehalten werden“*.[5]

Die Verpflichtung der Bank von Griechenland, die Preisstabilität als oberstes geldpolitisches Ziel zu gewährleisten sowie die Anstrengungen, das Inflationskriterium zu erfüllen, führten zur Weiterführung der straffen Geldpolitik auch in der zweiten Hälfte der neunziger Jahre. Ihren selbst ausgehandelten Bewegungsspielraum in der Mindestreservepolitik nutzte die griechische Zentralbank im

1 Die Kerninflation wird durch den jährlichen Anstieg des nationalen VPI ohne die Preise für Brennstoffe und frisches Obst und Gemüse gemessen.
2 Vgl. S. 48.
3 Siehe Tab. 4´, S. 108 und Abb. 4´, S. 109.
4 Siehe auch S. 45.
5 Europäische Zentralbank Jahresbericht 1998, S. 51.

April 1999 vorübergehend dazu, die Kreditausweitung des privaten Sektors einzudämmen. Lag der als Leitzins geltende Satz für 14-tägige Pensionsgeschäfte von Januar bis Oktober 1999 bei 12%, so nahm ihn die griechische Zentralbank sukzessive zurück und legte ihn vor Ablauf des Referenzzeitraums, zuletzt am 8. März 2000, auf 9,25% fest - Zum Vergleich: Der Hauptrefinanzierungssatz der EZB betrug im März 2000 3,5% und lag somit um 575 Basispunkte niedriger als der griechische Leitzins. Auch der griechische Lombardsatz wies, auf einem etwas höheren Niveau, einen ähnlichen Verlauf auf: Nachdem im Januar 1999 eine Senkung gegenüber Dezember 1998 um ganze zwei Prozentpunkte erfolgte (von 15,50% auf 13,50%), verharrte er auf diesem Niveau bis Oktober 1999, um dann schrittweise auf 10,25% im März 2000 zu fallen.[1] Die hohen griechischen Leitzinsen, die primär der Inflationsbekämpfung dienten, stützten auch die griechische Währung auf den Devisenmärkten.

Durch finanzpolitische Maßnahmen, die primär auf eine Senkung der Defizitquote abzielten, wurde die Anti-Inflationsstrategie des Landes flankiert. Löhne und Lohnstückkosten als Indikatoren der Preisentwicklung waren ebenfalls stark rückläufig.[2] Bezogen auf die fünf Jahre 1995 bis 1999 verzeichnete das Arbeitnehmerentgelt je Arbeitnehmer in der Gesamtwirtschaft einen Rückgang von 12,2% 1995 auf 4,8% in 1999. Die Lohnstückkosten ermäßigten sich im gleichen Zeitraum von 11,6% auf 2,5%. Die rückläufige Entwicklung von Arbeitnehmerentgelt und Lohnstückkosten zwischen 1995 und 1999 wurde jeweils 1997 durch ein Zwischenhoch unterbrochen. So betrug zwischen 1996 und 1997 die Steigerung des Arbeitnehmerentgelts 3,6 Prozentpunkte (von 8,8% auf 12,4%) und die der Lohnstückkosten 2,5 Prozentpunkte (von 5,9% auf 8,4%). Der Prozess der Inflationsrückführung wurde auch durch Produktivitätssteigerungen und einen im Mai 1998 ausgehandelten zweijährigen Manteltarifvertrag, der zu moderaten Lohnzuwächsen führte, begünstigt.

Das zunehmend stärkere Wachstum des BIP ab 1996 in Griechenland induzierte zeitweise höhere Lohnkosten, die ihrerseits zu einer starken realen Aufwertung des effektiven Wechselkurses führten und dadurch negative Auswirkungen auf die Wettbewerbsfähigkeit hatten. Daher wurde bereits Ende 1996 die bis dahin erfolgreiche Politik der harten Drachme stärker mit der Fiskalpolitik kombiniert, um auf diese Weise zu einem strafferen, besser ausgewogenen und mehr zielgerichteten Policy-mix bei der Inflationsbekämpfung zu gelangen. So war der Haushaltsplan des Jahres 1997 darauf ausgerichtet, die Primärausgaben zu sen-

1 Siehe auch Anhang IV „Chronik der geldpolitischen Maßnahmen in Griechenland 1999 und 2000", S. 181.
2 Siehe Tab. 2´, S. 96 und Abb. 2´, S. 97.

ken und die Einnahmen weiter zu steigern. Diese Budgetstrategie führte dazu, dass das öffentliche Defizit von 7,8% des BIP im Jahre 1996 auf 1,6% des BIP im Referenzjahr 1999 zurückgeführt werden konnte.[1] War der Primärsaldo bis 1993 negativ, so konnte er zwischen 1996 und 1999 um ganze 3 Prozentpunkte, von +2,8% des BIP auf +5,8% des BIP gesteigert werden.[2] Während die Geldpolitik auch nach 1996 relativ straff blieb, zeigten die Erfolge des neu konzipierten Policy-mix auch bei der Inflation die gewünschten Effekte. Der ab 1996 nach dem ESVG 95 harmonisierte Deflator für den Privaten Verbrauch konnte von 8,2% 1996 auf 2,5% 1999 reduziert werden.[3]

Nach dem Beitritt Griechenlands in den Wechselkursmechanismus des EWS vom 16. März 1998 bekam die Einkommenspolitik einen höheren Stellenwert innerhalb der Anti-Inflationsstrategie des Landes. Den kräftigen Steigerungen der Lohnstückkosten als Folge der wachstumsinduzierten hohen Lohnabschlüsse des Jahres 1997[4] galt es beizukommen. So wurden im öffentlichen Sektor für das Jahr 1998 eine Lohnerhöhung von 2,5% und für die folgenden Jahre ein Inflationsausgleich als Norm durchgesetzt. Im privaten Sektor wurde ebenfalls erfreuliche Lohnzurückhaltung geübt: Bei der im Mai 1998 für den Privatsektor unterzeichneten zweijährigen Tarifvereinbarung wurden Mindestlöhne unterhalb des Produktivitätszuwachses der Jahre 1998 und 1999 sowie ein Inflationsausgleich ausgehandelt, der dann zu erfolgen hatte, wenn die tatsächliche über der anvisierten Inflation liegen würde. Durch die Lohnzurückhaltung konnten die Nominallöhne und die Lohnstückkosten der Jahre 1998 und 1999 trotz des im EU-Maßstab überdurchschnittlichen Wachstums des realen BIP und der Klausel des Inflationsausgleichs langsamer steigen als in den Jahren davor.[5]

Der weitgehend stabile Wechselkurs zwischen der griechischen Drachme und den anderen europäischen Währungen im Rahmen der Anti-Inflationsstrategie führte dazu, dass die Einfuhrpreise moderat anstiegen und die importierte Inflation in den neunziger Jahren deshalb keine größeren Ausmaße annahm. Die Rückführung der Inflation wurde dadurch begünstigt. Vor allem im entscheidenden Jahr 1999 stiegen die Einfuhrpreise nur um 0,6% gegenüber 1998 an.[6] Der geringe Preisanstieg kam vor allem durch die fallenden Rohstoffpreise (außer Öl) zustande. Auch die inflationstreibende Wirkung der Drachmenabwert-

---

1 Siehe Tab. 4´, S. 108 und Abb. 4´, S. 109.
2 Siehe Tabelle 4´, S. 108
3 Siehe Tabelle 2´, S. 96.
4 Siehe auch Tab.2, S. 51 und Abb.2, S. 52.
5 Siehe auch Tabelle 2´, S. 96 und Abb. 2´, S. 97.
6 ebda.

ung von 12,3% am 16. März 1998 beim Festsetzen des Leitkurses durch den EWS-Beitritt konnte bereits im zweiten Halbjahr 1998 wettgemacht werden.

Um das Inflationskriterium doch noch erfüllen zu können hat Griechenland in der Zeit zwischen Oktober 1998 und Dezember 1999 eine Reihe indirekter Steuern sukzessive gesenkt. Nach Schätzungen der EZB hat diese finanzpolitische Maßnahme im Referenzzeitraum April 1999 bis März 2000 zu einer Ermäßigung der Verbraucherpreisinflation um durchschnittlich ca. 0,9 Prozentpunkte geführt. Die Maßnahmen zur Senkung von indirekten Steuern werden nicht rückgängig gemacht und wirken sich somit dauerhaft auf das Preisniveau aus. Es handelt sich allerdings um Maßnahmen mit mechanischer Wirkung, die nach allgemeiner Überzeugung nur kurzfristig, d.h. bis zu einem Jahr nach ihrer Einführung, aber nicht nachhaltig die Inflation dämpfen. So kann man davon ausgehen, dass die Maßnahmen, die im letzten Quartal des Jahres 1998 zur Senkung der indirekten Steuern ergriffen wurden, die Inflationsrate im ersten Quartal 2000 nicht mehr beeinflussen, während die Maßnahmen des Jahres 1999 teilweise über den Referenzzeitraum hinaus Auswirkungen auf die Inflationsrate haben. Neben dem kurzfristigen primären Effekt haben solche Maßnahmen auch einen sekundären, inflationsmindernden Effekt, vor allem dann, wenn sie gegen Ende des Jahres getroffen wurden: Sie tragen nämlich dazu bei, dass die Inflationsauswirkungen der bereits erwähnten Ausgleichsklauseln, die die Preisentwicklung an die Lohnentwicklung koppeln, gering bleiben. Unter der Voraussetzung, dass die verminderten Steuersätze voll auf die Verbraucherpreise überwälzt wurden, konnten im Privatsektor zusätzliche Lohnerhöhungen Anfang 1999 um 0,6 und Anfang 2000 um 1,0 Prozentpunkte verhindert werden. Neben diesen kurzfristigen Wirkungen können Steuersenkungen dazu beitragen, Inflationserwartungen zu dämpfen; dieser längeranhaltende Effekt kann allerdings nicht genau quantifiziert werden.

Außer der Senkung der indirekten Steuern wurden ab August 1998 auch informelle Vereinbarungen der griechischen Regierung mit Industrie-, Handels- und Dienstleistungsunternehmen getroffen. Diese Übereinkommen dienten jedoch dem gleichen Ziel, nämlich der Erreichung der nominalen Konvergenz im Hinblick auf das Inflationskriterium. Die Vereinbarungen liefen darauf hinaus, die Einzelhandelspreise einer Reihe von Waren, die ca. ein Zehntel im Warenkorb zur Berechnung des VPI ausmachten, im Jahr 1998 zu senken. Im Jahr 1999 ging es um Vereinbarungen, die darauf abzielten, die Einzelhandelspreise für Waren und Dienstleistungen, die einem Drittel des VPI-Warenkorbs entsprachen, stabil zu halten oder langsamer steigen zu lassen. Die griechische Zentralbank schätzt den preisdämpfenden Effekt für 1998 auf 0,2 Prozentpunkte. Für 1999 war kein inflationssenkender Effekt auf die allgemeinen

Verbraucherpreise erkennbar, was jedoch nicht ausschließt, dass ohne die Absprachen des Jahres 1999 der VPI noch höher ausgefallen wäre.[1]

Die seinerzeit im Konvergenzbericht 2000 der EZB formulierten Inflationsprognosen (jeweils Veränderung pro Jahr in %) über Griechenland wurden von OECD, IWF und der Europäischen Kommission aufgestellt. Die OECD-Prognose (Dezember 1999) geht vom Deflator für den Privaten Verbrauch aus und schätzt seinen Wert auf 2,2 für 2000 und 2,5 für 2001. Die IWF-Prognose (Mai 2000) legt den nationalen VPI zugrunde und kommt auf einen Wert von 2,4 für 2000 und 2,7 für 2001. Die Prognose der Kommission schließlich (Frühjahr 2000) basiert auf dem HVPI, den sie auf 2,3 für 2000 und ebenfalls 2,3 für 2001 schätzt. Letztere Inflationsprognose weicht aus heutiger Sicht und bei inhaltlicher Kontinuität der Datenreihe des HVPI im Hinblick auf das Jahr 2000 um 0,6 Prozentpunkte nach unten von der tatsächlichen HVPI-Inflation (2,9%) ab. Die Abweichung für 2001 fällt noch gravierender aus: die prognostizierte HVPI-Inflationsrate von 2,3% wurde mit 3,7% um 1,4 Prozentpunkte erheblich übertroffen.[2] Trefflich charakterisiert die EZB die Situation: *„Die zukünftige Preisentwicklung in Griechenland ist einigen Aufwärtsrisiken ausgesetzt, die bei der Betrachtung dieser Prognosen berücksichtigt werden müssen.“* [3] und identifiziert aus der Perspektive des Frühjahrs 2000 drei Gruppen von Aufwärtsrisiken:

- In den Jahren 2000 und 2001 werden die jahresdurchschnittlichen Inflationsraten in Griechenland unter Aufwärtsdruck geraten. Der Grund liegt im Nachlassen der direkten, inflationsmindernden Auswirkungen der jüngsten Senkungen indirekter Steuern. Ob das Auslaufen der informellen

---

1 Die Senkung einer Reihe indirekter Steuern sowie die informellen Absprachen mit der griechischen Wirtschaft waren auch Gegenstand vieler Presseberichte, die insbesondere die Einmaleffekte und die fehlende Nachhaltigkeit solcher Maßnahmen kritisieren: z. B. „Griechenlands Anpassung an die EU –Staatliche Nachhilfe mit geschickten Kunstgriffen-", in NZZ vom 26.1.1999; „Griechenland: Stramm auf Kurs Währungsunion“, in Börse Online Nr. 36, München, vom 2.9.1999; „Erdbeben in Athen bedroht Euro-Konvergenz nicht“, in HB, vom 1.10.1999; „Athener Regierung rechnet fest mit dem Beitritt zur EWWU“, von Gerd Höhler, in HB, vom 22.2.2000; „Neues Risiko –Athen soll 2001 den Euro einführen-„, von Eberhard Wissdorf, in HB, vom 4.5.2000; „Testat mit erhobenem Zeigefinger“, in BöZ, vom 4.5.2000; „Griechische Gefahr“, von Kolja Rudzio, in Die Zeit, vom 15.6.2000.

2 Der HVPI-Wert für das Jahr 2000 wurde dem Jahresbericht 2000 der EZB, S. 85, Tabelle 8 und der HVPI-Wert für 2001 dem Monatsbericht März 2002 der Bundesbank, Statistischer Teil, S. 7* entnommen.

3 Konvergenzbericht 2000 der EZB, S. 17.

Übereinkommen zwischen Regierung und Teilen der Wirtschaft preistreibend wirken wird, lässt sich noch nicht sagen. Über eine nachhaltigere Auswirkung der beiden Maßnahmen auf eine Abnahme der Inflationserwartung kann man definitiv ebenfalls noch nichts sagen.

- Die Anpassung der griechischen kurz- und langfristigen Zinssätze an das Zinsniveau des Euro-Währungsgebiets wird eine Lockerung der Liquiditätsbeschränkungen auslösen, zumal das griechische Zinsniveau im ersten Quartal 2000 noch erheblich über dem Durchschnitt des Euro-Währungsgebiets lag. Diese preisexpansive Wirkung der Zinskonvergenz wird auch nicht durch die kontraktive Wirkung, die in Griechenland niedrige Zinsen auf das verfügbare Einkommen haben, kompensiert.[1]

- Das Abwertungspotenzial der Drachme bis Ende des Jahres 2000 führt zu einem Ansteigen der importierten Inflation. Dieser Effekt wird jedoch bis zum Ende des Jahres 2001 nachgelassen haben.[2]

---

1 In Griechenland ist der Anteil von Zinseinnahmen am verfügbaren Einkommen besonders groß.

2 Als die Drachme am 1. Januar 1999 dem WKM II beitrat, wurde der Leitkurs gegenüber dem Euro auf GRD 353,109 festgelegt. Mit Wirkung vom 17. Januar 2000 erfolgte eine Aufwertung der griechischen Währung zum neuen Leitkurs von GRD 340,75 pro Euro. Der Wechselkurs zum 31. März 2000 gegenüber dem Euro lag bei GRD 334,70, so dass ein Abwertungspotenzial gegenüber dem Leitkurs nach dem Realignment bestand.

Tab. 1´ GR: HVPI-Infl. rate 1999/2000
(Veränderung gegen Vorjahr in %)

	1996	1997	1998	1999	Apr.99-März 00
HVPI (a)	7,9	5,4	4,5	2,1	2,0
Referenzwert (b)	2,5	2,7	2,2	2,1	2,4
Durchschnitt EU-11 (c)	2,2	1,6	1,1	1,1	1,4

Quelle: Konvergenzbericht 2000 der EZB, S. 30 ; Eurostat, Kommissionsdienststellen.
(a) Ab Januar 2000 wurde der Erfassungsbereich des HVPI erweitert und stärker harmonisiert (s. auch Anhang I: Statistische Methodologie zu den Konvergenzindikatoren).
(b) Bezieht sich auf den Referenzzeitraum (April 1999-März 2000) und wird berechnet als ungewogenes arithmetisches Mittel der jährlichen Inflationsraten Schwedens, Österreichs und Frankreichs plus 1,5 Prozentpunkte.
(c) Der EU-Durchschnitt (EU-15) und der Durchschnitt des Euro-Währungsgebiets aus Stufe Zwei (EU-11) dienen nur der Information.

Abb. 1´ GR: HVPI-Infl. rate 1999/ 2000

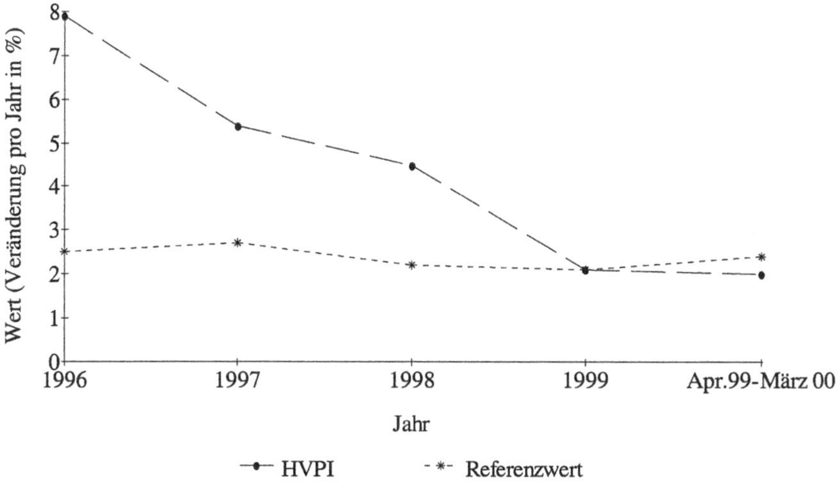

Tab. 2´ GR: Preismessziffern und wichtige gesamtwirtschaftliche Eckdaten

(soweit nicht anders angegeben, Veränderung pro Jahr in %)

	1990	1991	1992	1993	1994	1995	1996	1997	1998	1999	2000
Preismessziffern											(g)
Harmonisierter Verbraucherpreisindex (HVPI)		-	-	-	10,3	8,8	7,9	5,4	4,5	2,1	2,3
Verbraucherpreisindex (VPI)	20,4	19,4	15,9	14,4	10,9	8,9	8,2	5,5	4,8	2,6	2,5
VPI ohne Änderungen der indirekten Steuern (a)	18,5	17,9	14,9	15,6	10,8	8,8	7,5	5,1	4,4	2,3	
Deflator für den Privaten Verbrauch (b)	19,9	19,7	15,6	14,2	11,0	8,9	8,2	5,5	4,7	2,5	
BIP-Deflator (b)	20,6	19,8	14,8	14,5	11,2	9,8	7,4	6,7	4,9	2,9	
Erzeugerpreise (c)	13,9	12,4	12,0	9,3	8,5	9,5	6,6	4,1	3,8	3,2	
Wichtige gesamtwirtschaftliche Eckdaten											
Wachstum des realen BIP (b)	0,0	3,1	0,7	-1,6	2,0	2,1	2,4	3,4	3,7	3,5	
Produktionslücke (Prozentpunkte)	0,5	2,2	1,3	-1,9	-1,8	-1,9	-1,9	-1,1	-0,3	0,1	
Arbeitslosenquote (%) (d)	6,4	7,0	7,9	8,6	8,9	9,2	9,6	9,8	10,7	10,4	
Lohnstückkosten (Gesamtwirtschaft) (b)	19,5	9,3	12,6	12,6	10,7	11,6	5,9	8,4	5,5	2,5	2,1
Arbeitnehmerentgelt je Arbeitnehmer (Gesamtwirtschaft) (b)	17,9	15,3	11,8	9,8	10,8	12,2	8,8	12,4	5,8	4,8	4,7
Arbeitsproduktivität (Gesamtwirtschaft) (b)	-1,3	5,5	-0,7	-2,4	0,1	1,2	2,8	3,7	0,3	2,2	2,5
Einfuhrpreisdeflator (b)	13,4	12,1	12,1	7,7	5,8	6,8	5,0	2,2	5,0	0,6	6,1
Wechselkursaufwertung (e)	-8,6	-11,4	-8,0	-8,6	-6,9	-2,9	-1,3	-1,9	-5,2	-1,3	
Weit gefasste Geldmenge (M4N)	22,9	21,9	24,2	17,2	14,2	15,3	12,9	11,8	10,2	7,6	
Aktienkurse (f)	102,9	-13,1	-17,0	42,6	-9,4	5,2	2,1	58,5	85,0	102,2	

Quelle: Konvergenzbericht 2000 der EZB, S. 31 ; Eurostat, Kommissionsdienststellen.
Quellen: Nationale Statistiken mit Ausnahme der Angaben zum HVPI, zu den Erzeugerpreisen, zum Wachstum des realen BIP und zur Arbeitslosenquote (Eurostat), zur Produktionslücke (Europäische Kommission) sowie zum Wechselkurs (BIZ).
(a) Nationale Schätzungen.
(b) Vor 1996 Daten in nationaler Abgrenzung, ab 1996 nach den ESVG 95.
(c) Verarbeitendes Gewerbe, Inlandsabsatz.
(d) Eurostat-Definition. Die Daten für 1999 wurden gemäß der Frühjahrsprognose 2000 der Europäischen Kommission geschätzt.
(e) Nominaler effektiver Wechselkurs gegenüber 26 Industrieländern. Anmerkung: Ein positives (negatives) Vorzeichen bedeutet eine Aufwertung (Abwertung).
(f) Stand am Ende des Berichtszeitraums.
(g) Wirtschaftsvorausschätzungen der Europäischen Kommission vom Frühjahr 2000.

Abb. 2´ GR: Preisentwicklung

1990-1999

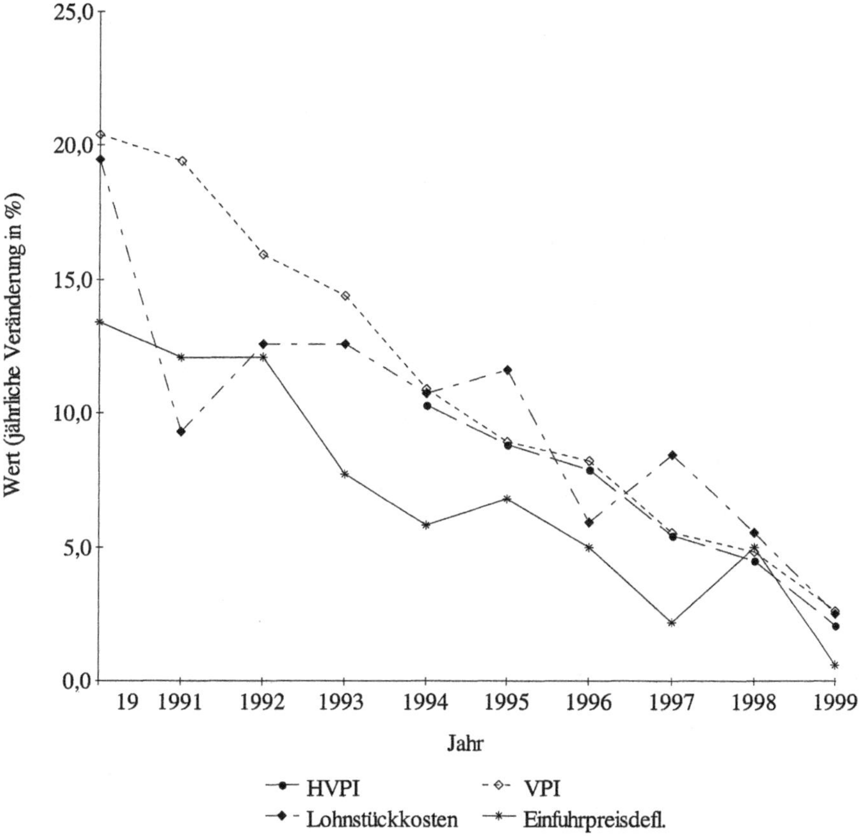

4.3.3.1.2. Die finanzpolitische Entwicklung in Griechenland

Der Referenzzeitraum für die finanzpolitische Entwicklung in Griechenland (und Schweden) war das Jahr 1999.

Die Finanzlage der öffentlichen Hand wurde, so wie 1998, vornehmlich anhand der Kennzahlen „Defizitquote“ und „Schuldenquote“ untersucht.

Die EZB und die Kommission haben in ihren Konvergenzberichten 2000 für Griechenland eine Defizitquote von 1,6% und eine Schuldenquote von 104,4% für das Referenzjahr 1999 festgestellt. Lag die Defizitquote deutlich unter dem Referenzwert von 3%, so wurde, wie 1998 auch, eine weit über dem Referenzwert liegende Schuldenquote ermittelt, allerdings mit sinkender Tendenz. Verglichen mit dem Vorjahr gab es eine Ermäßigung der Schuldenquote um 1 Prozentpunkt und der Defizitquote um 1,5 Prozentpunkte. Griechenland hatte in den letzten Jahren gute Fortschritte bei der Rückführung des öffentlichen Defizits gemacht. Nach den im Herbst 1999 von den griechischen Behörden vorgelegten und von Eurostat geprüften Daten wurde geschätzt, dass die Defizitquote, die bereits im Verlauf des Jahres 1998 knapp unter dem Referenzwert lag, im Jahr 1999 1,9% erreichen würde. Aufgrund dieser messbaren Fortschritte wurde die Entscheidung, dass ein übermäßiges Defizit in Griechenland besteht am 17. Dezember 1999 durch Ratsbeschluss aufgehoben.

Nach Schätzungen der Europäischen Kommission und EZB-Berechnungen sollte im Jahr 2000 die Defizitquote weiter auf 1,3% und die Schuldenquote auf 103,7% fallen.

Aufgrund dieser Werte sind die EZB und die Kommission in ihren Konvergenzberichten 2000 übereinstimmend zu dem Ergebnis gekommen, dass Griechenland das Kriterium im Hinblick auf die Finanzlage der öffentlichen Hand erfüllt: Die Defizitquote liegt unter dem Referenzwert und die nach wie vor weit über dem Referenzwert liegende Schuldenquote weist einen klaren Abwärtstrend auf.

4.3.3.1.2.1. Die Entwicklung der Defizitquote

Nach der uneinheitlichen Entwicklung bis 1995 wies die Defizitquote eine sinkende Tendenz auf, von 10,2% des BIP in 1995 auf 1,6% in 1999; sie lag damit deutlich unter dem Referenzwert von 3%. Die Rückführung der Defizitquote auf

1,6% in 1999 wurde begleitet von einem Schließen der Produktionslücke.[1] [2] Die jeweiligen Veränderungen gegenüber dem Vorjahr zeigen Tab.4´ und Abb. 4´.

Bis 1997 lag die Defizitquote über den öffentlichen Ausgaben für Investitionen in % des BIP. Im Jahr 1998 waren zum ersten mal die öffentlichen Ausgaben für Investitionen mit 3,7% des BIP höher als die Defizitquote (3,1%). Im Jahr 1999 hat sich der Abstand mit 4,2% öffentlichen Investitionsausgaben und 1,6% Defizitquote noch vergrößert. Die öffentlichen Investitionsausgaben in Griechenland werden größtenteils aus Mitteln der EU-Strukturfonds kofinanziert.

Als die Konvergenzberichte 2000 erstellt wurden, war die Ratsentscheidung vom 26. September 1994 über das Bestehen eines übermäßigen Defizits in Griechenland durch einen Ratsbeschluss vom 17. Dezember 1999 aufgehoben.

Die seit Mitte der Neunzigerjahre reduzierten Zinszahlungen sowie die Korrekturmaßnahmen zur Konsolidierung der öffentlichen Finanzen in Griechenland sind bis zur ersten Konvergenzprüfung im Jahr 1998 dargestellt worden. Auf der Ausgabenseite hat die bessere Transparenz der Lohnstruktur im öffentlichen Sektor sowie strengere Einstellungsregeln für Staatsbedienstete zu einer Eindämmung der Primärausgaben geführt. Hinzu kam die strikte Lohnpolitik im öffentlichen Sektor, die mit Hilfe von Klauseln des Inflationsausgleichs ein Einfrieren von Reallöhnen und –gehältern bis zum Jahr 2000 und womöglich auch darüber hinaus ermöglichte. Eine Effizienzsteigerung bei den Ausgaben sollte durch die Rückführung der Staatsquote, bei gleichzeitiger Rationalisierung der Ausgabenströme und Reduzierung und besserer Kontrolle der staatlichen Bürgschaften, erfolgen. Die Gesamtausgabenquote des Staates wies zwischen 1990 und 1995 keine einheitliche Entwicklung auf: Von 48,4% (in % des BIP) in 1990 ermäßigte sie sich auf 44,7% in 1991 und stieg bis 1993 erneut an. Seit 1995 ist sie rückläufig und 1999 erreichte sie 43,2 %, 3,4 Prozentpunkte weniger als 1995.[3] Diese positive Entwicklung ist vorwiegend auf die niedrigeren Zinsausgaben zurückzuführen. Betrachtet man die Entwicklung der laufenden Primärausgaben in % des BIP,[4] so stellt man fest, dass diese seit 1994 zugenommen haben, was darauf hindeutet, dass bei einem während des Konvergenzprozesses permanent sinkenden Zinsniveau andere Ausgaben-Einsparungspotenziale außer den effektiven Zinsausgaben gefunden werden müssen.

1 Zur Definition siehe S. 35, Fn. 1.
2 Siehe Tab. 2´, S. 96.
3 Siehe Tab.4´, S. 108 und Abb. 4´, S. 109.
4 Laufende Primärausgaben sind Ausgaben ohne Zinsausgaben und vermögenswirksame Ausgaben.

Die laufenden Einnahmen der öffentlichen Hand sind zwischen 1990 und 1994 kontinuierlich gestiegen, von 32,5% 1990 auf 36,9% des BIP 1994. Nach einer geringfügigen Reduzierung im Jahr 1995 auf 36,4% setzte sich 1996 der Aufwärtstrend erneut mit 36,9% fort und erreichte 1999 41,6% des BIP, nach 40,1% im Vorjahr. Auf diese Weise lagen die realisierten Einnahmenquoten 1998 und 1999 höher als die im Konvergenzplan für den gleichen Zeitraum ursprünglich projektierten.

Ebenfalls positiv auf das öffentliche Haushaltsdefizit hat die Umstellung der Unterstützung staatlicher Unternehmen von Investitionszuschüssen auf Eigenkapitalzuführungen sowie die teilweise Nutzung von nicht im Haushalt enthaltenen Mitteln über die staatliche Holdinggesellschaft DEKA beigetragen. [1]

Griechenlands aktualisiertes Konvergenzprogramm für die Jahre 1998 bis 2003, vorgelegt im Dezember 1999, bestätigte die Strategie des vorherigen Konvergenzprogramms, wonach bis Anfang 2000 eine vollständige nominale Konvergenz erreicht werden soll, damit Griechenland die Voraussetzungen für die Einführung des Euro am 1. Januar 2001 erfüllt. Diese Strategie soll auch bewirken, dass mittelfristig eine mit dem Stabilitäts- und Wachstumspakt konforme Haushaltslage erreicht wird. Aufgrund des starken Rückgangs der Defizitquote im Jahr 1999 gegenüber dem Vorjahr um 1,5 Prozentpunkte geht man davon aus, dass die Defizitquote 2001 nur 0,2% betragen und sich im Jahr 2002 in eine „Überschussquote" von ebenfalls 0,2% umgewandelt werden wird. Diese Verbesserung des Haushaltssaldos soll durch Rückführung der laufenden Primärausgaben erfolgen, was gleichzeitig eine Aufstockung der öffentlichen Investitionen ermöglichen würde, wird aber wahrscheinlich in erster Linie durch geringere Zinszahlungen zu erreichen sein. Nach Einschätzung von Kommission und EZB wird der Primärüberschuss bis 2002 in etwa auf dem Niveau von ca. 6% des BIP bleiben, was impliziert, dass keine verstärkten Anstrengungen zur Haushaltskonsolidierung erkennbar sind.

Für das Jahr 2000 wurde eine weitere Rückführung der Defizitquote auf 1,3% erwartet. Der Zielwert des vorhergehenden Konvergenzprogramms in Bezug auf die Defizitquote lag um 0,5 Prozentpunkte höher. Im Haushalt 2000 ist auch ein Steuersenkungs- und Leistungspaket [2] enthalten, dessen negative Auswirkungen auf die Defizitquote durch die Einnahmensteigerung aus inländischen Börsengeschäften kompensiert werden und das sich dadurch in der Zukunft selbst

---

1 DEKA wurde 1997 gegründet, um Privatisierungsvorhaben der Regierung abzuwickeln.

2 Es handelt sich um Maßnahmen zur Familienförderung, Erhöhung von Arbeitslosengeld sowie Steuersenkungen für Bezieher niedriger Einkommen.

finanziert. Die EZB geht in ihrem Konvergenzbericht 2000 zwar von einer Neutralität der Finanzpolitik im weiteren Verlauf des Jahres 2000 aus, vermag aber nicht definitiv auszuschließen, dass es keine expansiven Effekte geben wird. Daher der Rat der EZB an die griechische Regierung, erhebliche Anstrengungen zu unternehmen, um die im Konvergenzprogramm enthaltenen Ziele noch zu übertreffen.[1] Wenn die Projektionen des aktualisierten Konvergenzprogramms für 1999 bis 2002 bezogen auf den Finanzierungssaldo des Gesamtstaats eingehalten oder gar übertroffen werden, wird Griechenland das mittelfristige Ziel des Stabilitäts- und Wachstumspakts, einen nahezu ausgeglichenen oder mit Überschuss versehenen Haushalt, erreichen.

4.3.3.1.2.2. Die Entwicklung der Schuldenquote

Die Entwicklung der Schuldenquote seit 1990 war nicht einheitlich.[2] Nach 79,7% im Jahr 1990 stieg sie kontinuierlich bis 1993 auf 110,2% an und blieb bis 1996 auf diesem hohen Niveau weitgehend stabil. Erst ab 1997 ist eine sinkende Tendenz zu beobachten.

Trotz der deutlichen Verbesserung der Defizitquote, die im Jahr 2002 wahrscheinlich sogar zur Überschussquote werden wird,[3] und des starken Wachstums des realen BIP, fällt die Schuldenquote in Griechenland relativ langsam. Dies ist zu einem großen Teil auf Schuldenbestandsänderungen (deficit-debt-adjustments) zurückzuführen.[4] Für den Anstieg der Schuldenquote in Griechenland seit Beginn der neunziger Jahre (insbesondere 1993) waren vorwiegend solche Bestandsanpassungen verantwortlich:[5] Wie bereits erwähnt, führten abwertungsinduzierte Höherbewertungen von Fremdwährungsverbindlichkeiten in den neunziger Jahren in Griechenland zu Erhöhungen der Schuldenquote.[6] Darüber hinaus übernahm die Regierung Anfang der neunziger Jahre staatliche Verbindlichkeiten gegenüber der Bank von Griechenland (Artikel 102 EG-Vertrag) und begab zum 1. Januar 1994 Staatsanleihen, um eine Liquiditätsreserve aufzubauen, die durch Abschaffung ihrer Überziehungsfazilität bei der

---

1 Vgl. Konvergenzbericht 2000 der EZB, S. 21.
2 Siehe Tab. 4´, S. 108 und Abb. 4´, S. 109.
3 Nach dem aktualisierten Konvergenzprogramm Griechenlands soll die Defizitquote im Jahre 2001 0,2% betragen und im Jahr 2002 sich in eine Überschussquote von ebenfalls 0,2% umwandeln.
4 Siehe auch S. 34 dieser Arbeit.
5 Näheres hierzu siehe Konvergenzbericht 2000 der EZB, S. 19/20, ferner Bericht der Kommission 2000, S. 25.
6 Siehe auch S. 56, Fn. 2.

griechischen Zentralbank notwendig wurde (Artikel 101 EG-Vertrag).[1] Auch gegenüber staatlichen Unternehmen wurden ab Mitte der neunziger Jahre Verbindlichkeiten übernommen und Eigenkapitalzuführungen getätigt. Das alles führte zu einer enormen Ausweitung der öffentlichen Verschuldung. Der kumulierte Anteil von Bestandsanpassungen in den Jahren 1995 bis 1999 wird mit 14% des 1999 festgestellten BIP, bzw. 5,4 Billionen Drachmen angegeben.[2] Seit 1998 fallen die jeweiligen Bestandsanpassungen niedriger aus, da ein Großteil der Privatisierungserlöse zur Tilgung öffentlicher Schulden verwendet wird.

Ein weiterer Bestimmungsfaktor für Veränderungen der griechischen Schuldenquote ist das Wachstum/Zins-Differenzial.[3] So hat sich in den Jahren zwischen 1993 und 1996 sowie im Jahr 1999 das Wachstum/Zins-Differential ungünstig auf die Schuldenquote ausgewirkt, d.h. die Wachstumsrate des nominalen BIP war geringer als der Zinssatz, der auf die ausstehende öffentliche Schuld zu zahlen war.

Zwischen 1990 und 1993 war der Primärsaldo[4] in Griechenland negativ, so dass die Bestandsanpassungen nicht durch Primärüberschüsse kompensiert werden konnten. Seit 1994 liegt ein Primärüberschuss vor, der 1994 die Bestandsanpassungen dieses Jahres überkompensieren, jedoch in den Jahren 1995 und 1996 diese nicht ausgleichen konnte. Seit 1997 aber werden die Bestandsanpassungen und die anderen, soweit vorhandenen, auf den Schuldenstand negativ wirkenden Faktoren durch die Primärüberschüsse mehr als ausgeglichen.

Der Einfluss eines die Schuldenquote weiter belastenden Faktors, nämlich der hohe Anteil der kurzfristigen Verbindlichkeiten an den Gesamtverbindlichkeiten zu Beginn der neunziger Jahre konnte sukzessive abgebaut werden. Lag der Anteil der kurzfristigen Schulden an den Gesamtschulden 1990 bei 52,2%,[5] so sank dieser 1998 auf 9,4 und 1999 auf 3,9%. Diese beachtliche Reduzierung kann für den Schuldenabbau nur förderlich sein, da aufgrund der besonders hohen Schuldenquote in Griechenland die öffentlichen Finanzierungssalden bei kurzfristigen Verbindlichkeiten relativ empfindlich gegenüber Zinsveränderungen reagieren; dies verstärkt tendenziell ein vorhandenes Primärdefizit bzw. vermindert einen vorhandenen Primärüberschuss. Die durchschnittliche Laufzeit der neu emittier-

---

1 Artikel 101 und 102 sind im Anhang III. S. 173 wiedergegeben.
2 Vgl. Jahresbericht 2000 der EZB, S. 19.
3 Zur Definition s. auch S. 34.
4 ebda.
5 Siehe auch S. 56 dieser Arbeit.

ten Schuldtitel konnte in den letzten Jahren erhöht werden, von 1,6 Jahren 1994 auf mehr als 6 Jahre 1999.

Ein weiterer, auch im Konvergenzbericht 1998 genannter Faktor, der für die Schuldenquote als belastend eingestuft wurde, resultiert aus dem hohen Anteil der Fremdwährungsverbindlichkeiten an den Gesamtverbindlichkeiten. Dieser Anteil konnte während des Zeitraums 1994-1999 reduziert werden, nämlich von 39,6% in 1994 auf 33,0% in 1999. Da Fremdwährungsverbindlichkeiten einem Wechselkursrisiko ausgesetzt sind, gestalten sich die öffentlichen Finanzierungssalden empfindlich gegenüber Wechselkursveränderungen. Aus Tabelle 4´ geht hervor, dass die Fremdwährungsverbindlichkeiten - durch die Einführung des Euro in den elf Ländern des ursprünglichen Euro-Währungsraums - aufgeteilt werden in EWU-Fremdwährungen und Fremdwährungen außerhalb der EWU. EWU-Fremdwährungen stellen spätestens seit der Einführung des Euro in Griechenland am 1. Januar 2001 kein Wechselkursrisiko mehr dar, so dass nur der Anteil der Fremdwährungen außerhalb der EWU an den Gesamtverbindlichkeiten von 17,2% relevant bleibt.

Die weiterhin zu hohe Schuldenquote Griechenlands im Referenzjahr veranlasste die EZB dazu, so wie bei der Konvergenzprüfung 1998 das EWI, alternative Szenarien zur Rückführung der Schuldenquote auf den Referenzwert von 60% zu entwickeln. Den alternativen Berechnungen sind wieder zwei Varianten zugeordnet und sie gehen von der Schätzung der Kommission im Jahr 2000 über Defizit- und Schuldenquote aus. Wie bereits erwähnt, handelt es sich um rein modellhafte Berechnungen ohne Prognosecharakter, die jedoch die Anstrengungen vor Augen führen, die Griechenland, ausgehend von dem sehr hohen Schuldenniveau, unternehmen muss, um den Referenzwert innerhalb einer bestimmten Anzahl von Jahren zu erreichen. Diesen Berechnungen wurden noch folgende normative Annahmen zugrundegelegt:

- Konstanter nominaler Zinssatz von 6% (es wurde dabei von einer durchschnittlichen realen Verzinsung der Staatsverschuldung von 4% und einer Inflationsrate von 2% ausgegangen).

- Konstante Zuwachsrate des BIP von 3,1% (dieser Wert entspricht der Schätzung der Europäischen Kommission für das reale Trendwachstum des BIP für 2000).

- Keine Berücksichtigung von Bestandsanpassungen.[1]

Unter der Voraussetzung, dass für 2000 Schulden- und Defizitquote sowie Primärüberschuss wie von der Kommission prognostiziert ausfallen (103,7%, 1,3% und 5,8% jeweils), kommt die EZB bei der ersten Variante zu drei zeitabhängigen alternativen Finanzierungssalden, die mit dem Referenzwert der Schuldenquote von 60% vereinbar sind:

- Auf der Basis des gesamten Finanzierungssaldos (ausgehend von der Prognose der Kommission für 2000 mit 103,7% Schulden- und 1,3% Defizitquote) wurden folgende drei Alternativen berechnet (s. Tab 5´):

  a) Griechenland kann den Referenzwert in 5 Jahren (2004) erreichen, wenn ab 2001 der Anteil des gesamten Finanzierungssaldos am BIP sich auf 6,7% pro Jahr beläuft.

  b) Das Land kann den Referenzwert in 10 Jahren (2009) erreichen, wenn ab 2001 dieser Anteil sich auf 0,8% des BIP pro Jahr einstellt.

  c) Um den Referenzwert in 15 Jahren (2014) zu erreichen, genügt es für Griechenland, ab 2001 den Anteil des gesamten Finanzierungssaldos am BIP auf jährlich -0,8% des BIP zu halten.

- Auf der Basis des primären Finanzierungssaldos (ausgehend von der Prognose der Kommission für 2000 mit 103,7% Schuldenquote und 5,8% Anteil des Primärüberschusses am BIP („Primärüberschussquote") wurden folgende drei Alternativen berechnet (s.Tab. 5´):

---

1 Im Gegensatz zur EZB, die, wie auch das EWI bei der Konvergenzprüfung 1998, Bestandsanpassungen auch im Falle Griechenlands außer acht lässt, setzt die Kommission bei der Prüfung der Konvergenz- und Stabilitätsprogramme 1999 speziell für Griechenland, innerhalb des vom Land angegebenen Programmzeitraums, einen Wert von 1% des BIP an. Unter diesem Wertansatz und den Prämissen, dass a) die Primärüberschüsse auf der im Programm angesetzten Höhe bleiben und b) durchschnittliches Wachstum sowie effektive Zinssätze den Wert des letzten Programmjahres beibehalten, kommt die Kommission zu dem Ergebnis, dass Griechenland etwa 10 Jahre brauchen wird, um seine Schuldenquote unter den Referenzwert von 60% zu senken. Vgl. hierzu: „Die neuen Stabilitäts- und Konvergenzprogramme 1999", S. 10, Punkt 4. Öffentliche Schuldenquoten, in Europäische Wirtschaft, Europäische Kommission, Generaldirektion Wirtschaft und Finanzen, Beiheft A Wirtschaftsanalysen Nr. 3 – März 1999.

a) Griechenland kann den Referenzwert in 5 Jahren (2004) erreichen, wenn ab 2001 die Überschussquote des primären Finanzierungssaldos sich auf 11,7% pro Jahr beläuft.

b) Das Land kann den Referenzwert in 10 Jahren (2009) erreichen, wenn sich ab 2001 eine Überschussquote des primären Finanzierungssaldos von 5,6% pro Jahr einstellt.

c) Um den Referenzwert in 15 Jahren (2014) zu erreichen, genügt es für Griechenland, ab 2001 eine Überschussquote des primären Finanzierungssaldos von 3,9% jährlich zu erzielen.

Bei der zweiten Variante - hier wird der Gesamtsaldo des laufenden Jahres beibehalten - wurden folgende Alternativen ermittelt:

a) Bei einer, wie 2000 prognostizierten, gleichbleibenden Defizitquote von 1,3% würde die Schuldenquote von 60% erst im Jahr 2017 erreicht. Im Jahr 2004 läge sie nur bei 90%.

b) Bei einem, wie 2000 prognostizierten, gleichbleibenden Primärüberschuss von 5,8% würde die Schuldenquote im Jahr 2009 unter 60% liegen. Eine solche Konstellation würde bedeuten, dass aufgrund von weiterhin sinkenden effektiven Zinsausgaben die Defizitquote sich rasch in eine „Überschussquote" umwandelt.

c) Bei einem ab 2000 permanent ausgeglichenen Haushalt würde die Schuldenquote von 60% im Jahr 2011 erreicht. Im Jahr 2008 wäre sie erst bei 70%.

Die EZB kommt zu dem Schluss, dass für Griechenland langfristig eine nachhaltige Konsolidierung der öffentlichen Finanzen mit beträchtlichen Haushaltsüberschüssen dringend erforderlich ist. Auf der Ausgabenseite sind weitere und dauerhafte Sparbemühungen erforderlich, um zu gewährleisten, dass „die Schuldenquote hinreichend rückläufig ist und sich rasch genug dem Referenzwert nähert". Dadurch könne auch vermieden werden, dass die hohen Schulden zu einer ständigen Belastung für Haushaltspolitik und Wirtschaft insgesamt führen.

An den Ausführungen über das Altersversorgungssystem sowie die demographische Entwicklung in Griechenland im Zusammenhang mit der Schuldenquote hat sich gegenüber der Konvergenzprüfung 1998 nichts geändert.[1 2]

Tab. 3´ GR: Finanzlage des Staates (Konvergenzprüfung 2000)

	1998	1999	2000 (a)
Haushaltsüberschuss (+) bzw. -defizit (-)	-3,1	-1,6	-1,3
Referenzwert	-3,0	-3,0	-3,0
Überschuss (+) bzw. -defizit (-), abzüglich öffentliche Ausgaben für Investitionen (b)	0,6	2,7	2,9
Bruttoverschuldung des Staates	105,4	104,4	103,7
Referenzwert	60,0	60,0	60,0

Quelle: Konvergenzbericht 2000 der EZB, S. 32 ; Eurostat, Kommissionsdienststellen.
Quelle: Europäische Kommission (Frühjahrsprognose 2000) und EZB-Berechnungen.
(a) Schätzung der Europäischen Kommission.
(b) Ein negatives Vorzeichen bedeutet, dass das öffentliche Defizit die öffentlichen Ausgaben für Investitionen überschreitet.

---

1 Siehe S. 59.

2 Um eine Gleichbehandlung der Konvergenzberichte 1998 und 2000 zu gewährleisten, wurde die Tab. 6 als Tab. 6´ : „Voraussichtliche Entwicklung des Altenquotienten" erneut aufgeführt; S. 110.

Abb. 3´.1 GR: Finanzlage des Staates
(Defizitquote und Referenzwert)

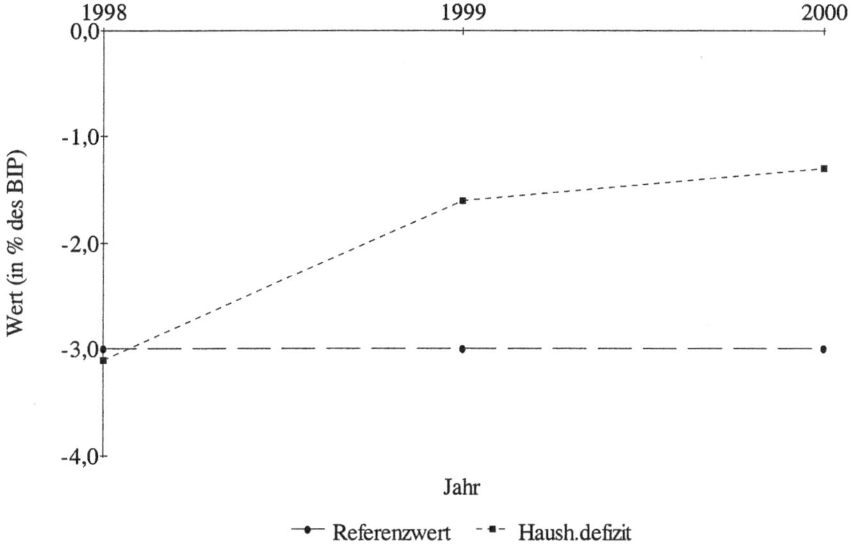

Abb. 3´.2 GR: Finanzlage des Staates
(Schuldenquote und Referenzwert)

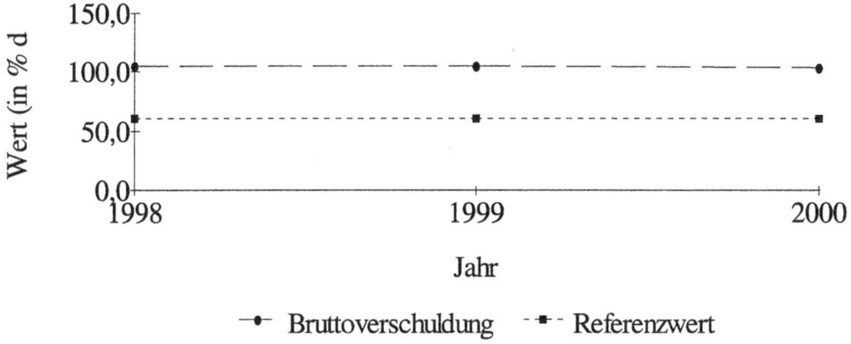

Tab. 4´ GR: Bruttoverschuldung und Haushaltslage des Staates
(soweit nicht anders angegeben, in % des BIP)

	1990	1991	1992	1993	1994	1995	1996	1997	1998
Gesamtverschuldung	79,7	82,3	87,9	110	108	109	111	109	105
Aufschlüsselung nach Währungen (in % des Gesamtbetrages)									
in Inlandswährung	68,8	69,4	70,5	61,9	60,4	63,8	69,6	68,6	68,2
in Fremdwährungen	31,2	30,6	29,5	38,1	39,6	36,2	30,4	31,3	31,8
EWU-Fremdwährungen	15,1	15,2	11,8	15,1	14,5	13,1	10,1	12,7	14,0
Fremdwährungen außerhalb der EWU	16,1	15,4	17,7	23,0	25,1	23,1	20,3	18,6	17,8
Verschuldung gegenüber Inland (in % des Gesamtbetrages)	74,9	75,2	75,5	76,1	74,5	76,6	77,9	76,3	70,5
Aufschlüsselung nach Fälligkeit (a) (in % des Gesamtbetrages)									
kurzfristig (bis 1 Jahr)	52,2	41,1	37,9	25,5	26,6	24,2	21,7	13,5	9,4
mittel- und langfristig (mehr als 1 Jahr)	47,8	58,9	62,1	74,5	73,4	75,8	78,3	86,5	90,6
Laufende Einnahmen insgesamt	32,5	33,4	34,2	35,4	36,9	36,4	36,9	38,9	40,1
Direkte Steuern	5,4	5,5	5,4	5,7	6,8	7,4	7,1	7,9	9,6
Indirekte Steuern	13,9	14,6	15,3	14,7	14,3	13,5	14,0	14,2	14,3
Sozialabgaben	11,5	11,1	11,0	11,9	12,1	12,6	12,9	13,1	13,2
Sonstige laufende Einnahmen	1,7	2,2	2,5	3,1	3,8	2,9	2,9	3,6	2,9
Ausgaben insgesamt	48,4	44,7	46,8	49,0	46,8	46,6	44,7	43,5	43,2
Laufende Übertragungen	16,8	16,3	15,9	16,4	16,3	16,8	17,1	16,9	17,0
Effektive Zinsausgaben	10,0	9,3	11,5	12,6	13,9	11,1	10,5	8,3	7,8
Staatsverbrauch	15,1	14,2	13,7	14,3	13,8	15,3	14,5	15,1	15,4
Vermögenswirksame Ausgaben (netto)	6,5	4,9	5,6	5,6	2,8	3,3	2,5	3,3	3,1
Überschuss (+) bzw. Defizit (-)	-16	-11	-12,6	-13,6	-9,9	-10,2	-7,8	-4,6	-3,1
Primärsaldo	-5,9	-2,1	-1,1	-1,0	4,0	1,0	2,8	3,7	4,7

Quelle: Konvergenzbericht 2000 der EZB, S. 33 und 35;ESZB, 1999, mit Ausnahme der Angaben zur Gesamtverschuldung (Europäische Kommission -Frühjahrsprognose 2000-); Jahresendstände.
Anmerkung: Differenzen in den Summen durch Runden der Zahlen.

Abb. 4´ GR: Fiskalpolit. Entwicklung

(1990-1999/2000 in % des BIP)

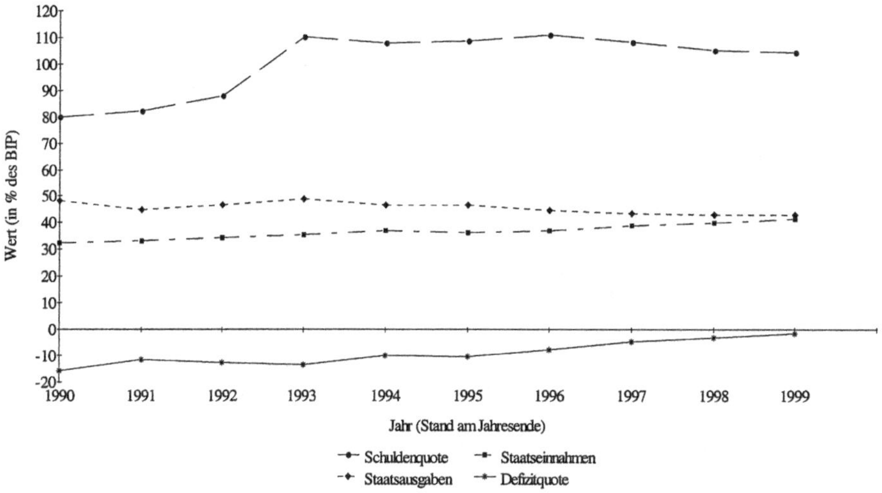

Tab. 5´ GR: Berechnungen zur Konvergenz der öffentlichen Schuldenstände

	1999	2000	2004	2009	2014
Bruttogesamtverschuldung	104,4	103,7	-	-	-
Gesamter Finanzierungssaldo	-1,6	-1,3	-	-	-
Primärer Finanzierungssaldo	5,8	5,8	-	-	-
Gesamter Finanzierungssaldo, der mit einer Verringerung des Schuldenstandes auf 60% vereinbar ist (a)	-	-	6,7	0,8	-0,8
Primärer Finanzierungssaldo, der mit einer Verringerung des Schuldenstandes auf 60% vereinbar ist (a)	-	-	11,7	5,6	3,9

Quelle: Konvergenzbericht 2000 der EZB, S. 36, Europäische Kommission (Frühjahrsprognose 2000) und EZB-Berechnungen.
(a) Aus den Berechnungen geht hervor, dass die Schuldenquote in den Jahren 2004, 2009 und 2014 auf jeweils 60% sinken würde, wenn der gesamte (primäre) Finanzierungssaldo für 2000 wie geschätzt ausfällt und ab 2001 auf einem Stand von 6,7% (11,7%), 0,8% (5,6%) bzw. -0,8% (3,9%) des BIP gehalten würde. Diese Werte beruhen auf der Annahme einer Trend-Wachstumsrate des realen BIP von 3,1% im Jahr 2000 - wie von der Europäischen Kommission geschätzt-, einer Inflationsrate von 2% (und eines nominalen Zinssatzes von 6%). Die Differenz zwischen Defizit und Schuldenstandsänderungen ("deficit-debt adjustments") wird mit null angesetzt.

Tabelle 6´ GR: Voraussichtliche Entwicklung des Altenquotienten

	1990	2000	2010	2020	2030
Altenquotient	21,2	25,5	28,8	33,3	40,9

Quelle: Konvergenzbericht 2000 der EZB, S. 37; Bos, E. et al. (1994), World population projections 1994-95, Weltbank, Washington D.C.

4.3.3.1.3. Wechselkursentwicklung

Im Konvergenzbericht von 1998 gelangten das EWI und die Kommission zum Ergebnis, dass Griechenland das Wechselkurskriterium nicht erfüllte. Wie bereits ausgeführt,[1] trat die griechische Währung dem Wechselkursmechanismus des EWS (WKM) erst am 16. März 1998 bei, während der Referenzzeitraum für die Einhaltung des Wechselkurskriteriums vom März 1996 bis Februar 1998 festgesetzt wurde (2 Jahre).

Das Wechselkurskriterium im Konvergenzbericht 2000 wurde ebenfalls unter Zugrundelegung eines zweijährigen Referenzzeitraums, vom 1. April 1998 bis 31. März 2000, geprüft.[2]

Ab dem 1. Januar 1999 hatte die Drachme, neben der dänischen Krone, am neuen Wechselkursmechanismus WKM II teilgenommen. Der Leitkurs wurde bei WKM II nicht mehr gegenüber der ECU sondern gegenüber dem Euro festgesetzt; er betrug 353,109 GRD und wich, aus technischen Gründen, geringfügig vom Leitkurs gegenüber der ECU ab. Es wurde eine Standardbandbreite von ± 15% eingerichtet, die den „normalen Bandbreiten" des EG-Vertrags entsprach. Um Fortschritte bei der wirtschaftlichen Konvergenz nach außen zu dokumentieren, könnte ein Land innerhalb des WKM II engere Bandbreiten wählen. Dies wäre jedoch nur eine Option und hätte keinen zwingenden Charakter, wie der Fall Griechenland zeigt.[3] Auf diese Weise wurde zwar die Standardbandbreite von ± 15% eingehalten, die aufwertungsbedingten Abweichungen vom Leitkurs waren jedoch erheblich. Dies führte am 17. Januar 2000 zu einem Realignment: Innerhalb des WKM II wurde die griechische Währung zum neuen Leitkurs von GRD 340,75 pro Euro aufgewertet. Der Aufwertungssatz gegenüber dem bisherigen Leitkurs betrug 3,6%. Griechenland hatte die zuständigen EU-Stellen um diese Leitkursanpassung ersucht, nachdem der Kurs der Drachme zu Beginn des Jahres 2000 auf ca. GRD 331 gekommen war. Die de facto Aufwertung gegenüber dem Leitkurs beim Übergang zu WKM II betrug knapp 6,7%, ein zu hoher Satz, der die Wettbewerbsfähigkeit der griechischen Produkte zusätzlich beeinträchtigen würde. Dem Ersuchen wurde durch einen Beschluss der zuständigen EU-Stellen entsprochen, um den griechischen Behörden Unterstützung zu gewähren, „die Wirtschaft Griechenlands auf einem dauerhaft tragfähigen

1 Siehe S. 64 dieser Arbeit.
2 Die Wechselkursentwicklung der griechischen Währung innerhalb des WKM (vom 16. März 1998 bis 31. Dezember 1998) wurde bereits dargestellt (Vgl. Punkt 4.2.1., S. 76).
3 Das Land hat die Einführung des Euro beantragt, ohne die Standardbreite für die Drachme zu verlassen. Vgl. auch Bericht der Kommission 2000, S. 70.

Wachstumspfad bei gleichzeitiger Gewährleistung von Preisstabilität zu halten“.[1]

Nach der Aufwertung und der günstigen Inflationsentwicklung gab es wieder Spielraum für weitere Zinssenkungen. Die Bank von Griechenland senkte daraufhin (am 27. Januar 2000) den Leitzinssatz für 14-tägige Einlagen um 100 Basispunkte auf 9,75% und den Lombardsatz um 50 Basispunkte auf 11%. Eine erneute Anpassung gab es am 9. März 2000: der Leitzinssatz für 14-tägige Einlagen wurde um weitere 50 Basispunkte auf 9,25% und der Lombardsatz um weitere 75 Basispunkte auf 10,25% zurückgenommen.[2] Die Differenz der griechischen Dreimonatszinssätze zu denen im Eurogebiet konnte auf diese Weise reduziert werden, von 6,1 Prozentpunkten im Januar 2000 auf 5 Prozentpunkte Mitte März des gleichen Jahres.[3]

Während des zweijährigen Referenzzeitraums notierte die griechische Währung stets über ihren Leitkursen. Diese Entwicklung wurde durch das bedeutend höhere Zinsniveau in Griechenland gegenüber den Währungen des WKM und WKM II begünstigt. Gegenüber dem Euro waren die Abweichungen der Leitkurse der griechischen Währung zwischen 9,0% und 1,9% stark ausgeprägt, aber stets positiv.[4] Die griechische Zentralbank hatte auch einige Male am Devisenmarkt interveniert, um die Schwankungen des Wechselkurses der Drachme gegenüber den Partnerwährungen nicht zu groß werden zu lassen. Die Wechselkursvolatilität der Drachme gegenüber der DM[5] bewegte sich zwischen 1,1% und 9,5%.[6]

Während des Referenzzeitraums war die Wechselkursentwicklung der griechischen Währung nicht einheitlich. Der Aufwertungstendenz zwischen dem Beginn der Berichtszeitraums im April 1998 und Ende Januar/Anfang Februar 1999 gegenüber der ECU und teilweise dem Euro[7] folgte im restlichen Zeitverlauf (März 1999 bis März 2000) eine Abwertungstendenz gegenüber dem Euro, die jedoch moderat ausfiel, so dass die zuvor verzeichneten Aufwertungsgewinne nur etwa die Hälfte ihres Wertes einbüßten. Diese Abwertungstendenz war

---

1 Konvergenzbericht 2000 der EZB, S. 23, Sp.2.

2 Vgl. Anhang IV: „Chronik der geldpolitischen Maßnahmen in Griechenland 1999 und 2000“, S. 181.

3 Vgl. Bericht der Kommission 2000, S. 29.

4 Vgl. Tabelle 7´a, S. 115.

5 Zur Definition s. S. 64 , Fn. 3.

6 Siehe Tab. 7´b und Abb. 5´, S. 116.

7 Eine kurzzeitige Unterbrechung mit Abwertungstendenz ereignete sich zwischen Mitte August und Ende Oktober aufgrund der Russland-Krise; s. auch S. 79.

primär auf die mittlerweile geringere Zinssatzdifferenz zwischen den kurzfristigen Zinssätzen in Griechenland und dem Eurogebiet zurückzuführen. Sie ermäßigte sich von durchschnittlich rund 7,6 Prozentpunkten während des ersten Quartals 1999 auf 5,4 Prozentpunkte während des ersten Quartals 2000.[1] Zum 31. März 2000 (Ende des Referenzzeitraums) belief sich der Wechselkurs Drachme/Euro auf 334,70.

Die außenwirtschaftliche Entwicklung in Griechenland war in den Jahren 1996 und 1997 durch ein größeres Leistungsbilanzdefizit als in den vergangenen fünf Jahren gekennzeichnet (1996: 3,7% des BIP; 1997: 4,1% des BIP). Dazu haben die reale Drachmenaufwertung sowie das kräftige Wachstum der Inlandsnachfrage im Vergleich zu den Handelspartnerländern beigetragen. Nachdem Griechenland im März 1998 dem WKM beigetreten war, wurde das Leistungsbilanzdefizit trotz des im EU-Maßstab überdurchschnittlichen Wachstums des realen BIP (3,7% gegenüber dem Vorjahr)[2] mit 3,1 % des BIP wieder kleiner. Im Jahr 1999 lag es in etwa auf dem gleichen Niveau wie 1998.[3] Die Netto-Schuldnerposition Griechenlands gegenüber dem Ausland verschlechterte sich ab 1997 bis einschließlich 1999 zunehmend (von 20,8% des BIP 1997 auf 28,0% 1999);[4] die Verschlechterung ist somit offensichtlich teilweise auf Kapitalzuflüsse zur Finanzierung von Investitionen zurückzuführen.

Die negative Differenz zwischen Aus- und Einfuhr von Gütern und Dienstleistungen ohne Vermögensübertragungen in % des BIP ist nach 9,0 Prozentpunkten in 1997 auf 8,1 Prozentpunkte in 1998 und 7,5 1999 zurückgegangen. Lag in den Jahren 1990 bis einschließlich 1992 der prozentuale Anteil der Warenausfuhr in andere EU-Länder am griechischen Gesamtexport über dem prozentualen Anteil der Wareneinfuhr aus anderen EU-Ländern am griechischen Gesamtimport, so schlägt seit 1993 diese Relation ins Gegenteil um. Im Jahre 1998 betrug die negative Differenz von Warenausfuhr- und Wareneinfuhranteilen 13,6 Prozentpunkte und lag nur geringfügig unter dem Höchstwert von 1997 (14,1 Prozentpunkte).
Das Abwertungspotenzial der Drachme bis Ende des Jahres 2000 führt zu einem Ansteigen der importierten Inflation. Dieser Effekt wird jedoch bis zum Ende

1 Siehe Tab. 7'b und Abb. 5', S. 116.

2 Der Kosovo-Krieg im Jahr 1999 hat wesentlich dazu beigetragen, dass die projizierte Wachstumsrate des Konvergenzberichts 1998 in Höhe von 3,7% nicht eingehalten werden konnte. Tatsächlich wurde eine Wachstumsrate von 3,4% realisiert. Vgl. auch The 2000 Stability and Growth Programme: 2000-2004, hrsg. v. Hellenic Republic Ministry of Economy and Finance, December 2000, S. 5, Table 2.

3 Vgl. Tabelle 8', s. 118 und Abb. 7', S. 119 sowie Tab. 2', S. 96.

4 Vgl. Tabelle 8', S. 118.

des Jahres 2001 nachgelassen haben.[1]

1 Als die Drachme am 1. Januar 1999 dem WKM II beitrat, wurde der Leitkurs gegenüber dem Euro auf GRD 353,109 festgelegt. Mit Wirkung vom 17. Januar 2000 erfolgte eine Aufwertung der griechischen Währung zum neuen Leitkurs von GRD 340,75 pro Euro. Der Wechselkurs gegenüber dem Euro lag am 31. März 2000 bei GRD 334,70, so dass nach dem Realignment ein Abwertungspotenzial gegenüber dem Leitkurs bestand.

Tabelle 7´ (a) GR: Wechselkursstabilität

Teilnahme am Wechselkursmechanismus (WKM / WKM II)	Ja	
Teilnahme seit	März 1998	
Abwertung des Leitkurses aus eigener Initiative des Landes	Nein	
Maximale und minimale Abweichungen nach oben von den Leitkursen in % (1)		
1. April 1998 bis 31. Dezember 1998 (WKM-Währungen):		
Belgischer Franc	8,0	3,2
Dänische Krone	7,9	3,2
Deutsche Mark	8,0	3,2
Spanische Peseta	7,8	3,0
Französischer Franc	8,0	3,2
Irisches Pfund	7,0	1,8
Italienische Lira	7,7	2,9
Holländischer Gulden	8,1	3,1
Österreichischer Schilling	8,0	3,2
Portugiesischer Escudo	7,9	3,1
Finnmark	8,0	3,1
4. Januar 1999 bis 31. März 1999 (WKM-II-Währungen):		
Euro (4. Januar 1999 bis 16. Januar 2000)	9,0	5,9
Euro (17. Januar 2000 bis 31. März 2000)	2,8	1,9
Nachrichtlich:		
Dänische Krone (4. Januar 1999 bis 16. Januar 2000)	8,7	4,4
Dänische Krone (17. Januar 2000 bis 31. März 2000)	2,6	1,7

Quelle: Konvergenzbericht 2000 der EZB, S. 37; BIZ und EZB-Berechnungen.
Der WKM II ersetzte Anfang 1999 den bisherigen Wechselkursmechanismus (WKM) des EWS.
Mit Wirkungvom 17. Januar 2000 wurde der Leitkurs der griechischen Drachme gegenüber dem Euro um 3,5% angehoben.
(1) Börsentägliche Notierung; gleitender Zehntagesdurchschnitt.

Tabelle 7´ (b) GR: Wichtige Indikatoren für Wechselkursspannungen der griechischen Drachme

Durchschnitt über 3 Monate bis Ende	Juni 98	Sept. 98	Dez. 98	März 99	Juni 99	Sept. 99	Dez. 99
Wechselkursvolatilität (a)	9,5	5,8	4,5	3,1	3,1	1,3	1,3
Differenzen der kurzfristigen Zinssätze (b)	9,1	9,6	8,6	7,6	7,2	7,2	7,0

Quelle: Konvergenzbericht 2000 der EZB, S. 37; Nationale Statistiken und EZB-Berechnungen
(a) Auf Jahresrate hochgerechnete monatliche Standardabweichung der täglichen prozentualen Veränderungen des Wechselkurses gegenüber der Deutschen Mark für das Jahr 1998 und gegenüber dem Euro ab 4. Januar 1999, in %.
(b) Differenz der Dreimonats-Interbankenzinssätze gegenüber dem gewogenen Durchschnitt der Bietungssätze für Interbankeinlagen im Euro-Währungsgebiet, in Prozentpunkten.

Abb. 5´GR: Wechselkursvolatilität
Drachme gegenüber Deutsche Mark

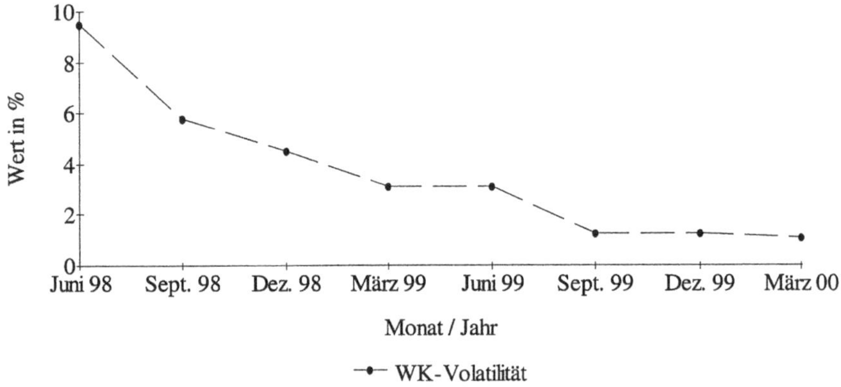

Abb. 6´ GR: Differ. d.kurzfr. Zinssätze

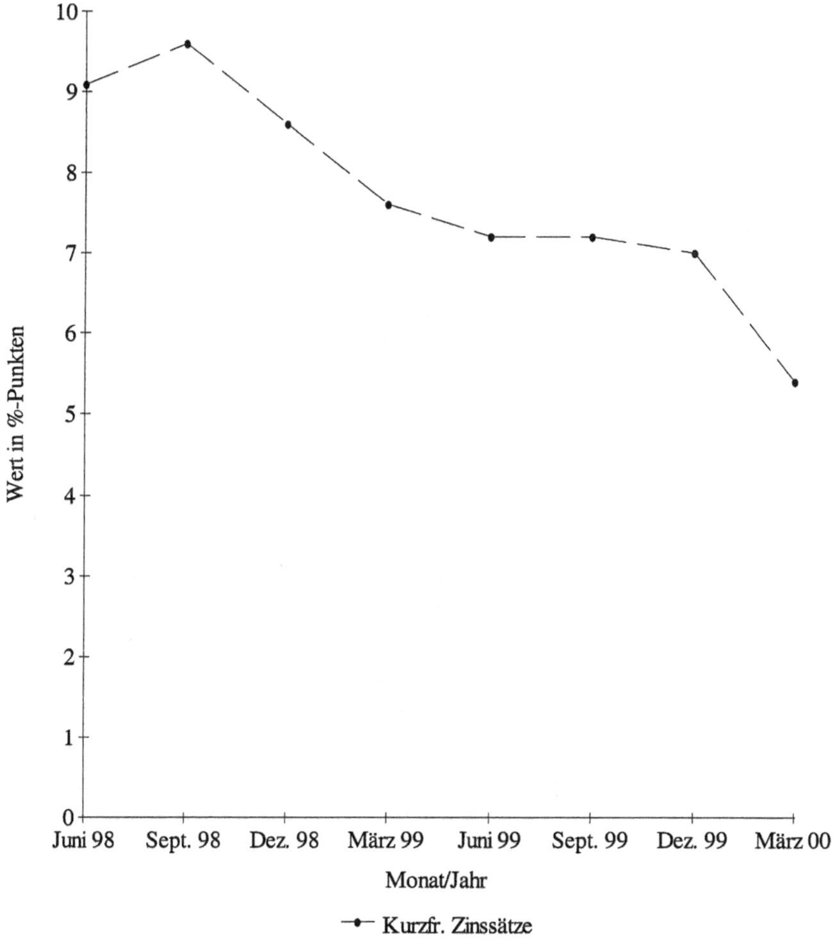

Tabelle 8´ GR: Außenwirtschaftliche Entwicklung
(in % des BIP)

	1990	1991	1992	1993	1994	1995	1996	1997	1998
Leistungsbilanz einschließlich Vermögensübertragungen (a)	-4,3	-1,5	-2,2	-0,8	-0,2	-2,4	-3,7	-4,1	-3,1
Netto-Auslandsaktiva (+) oder -passiva (b)	-23,7	-21,8	-23,2	-24,3	-20,8	-18,7	-14,9	-20,8	-23,6
Ausfuhr (Waren und Dienstleistungen) (a)	15,4	15,7	14,8	14,3	14,4	13,2	12,3	13,7	14,7
Einfuhr (Waren und Dienstleistungen) (a)	23,2	22,2	21,4	20,5	20,3	21,0	20,6	22,7	22,8
Warenausfuhr in andere EU-Länder (c)	68,3	67,7	69,3	58,9	57,1	60,1	53,8	50,9	52,3
Wareneinfuhr aus anderen EU-Ländern (c)	67,8	64,0	66,7	63,0	67,9	70,1	64,3	65,0	65,9

Quelle: Konvergenzbericht 2000 der EZB, S. 40; Europäische Kommission, Eurostat (Leistungsbilanz einschließlich Vermögensübertragungen, Ausfuhr und Einfuhr von Waren und Dienstleistungen, 1990-1996, Warenausfuhr und -einfuhr innerhalb der EU), nationale Statistiken (Leistungsbilanz einschließlich Vermögensübertragungen, Ausfuhr und Einfuhr von Waren und Dienstleistungen, 1997-1999, Auslandsaktiva und -passiva) und EZB-Berechnungen.

(a) Die Angaben für das vierte Quartal 1999 sind geschätzt. Durch die Verwendung unterschiedlicher Datenquellen unterscheiden sich die Angaben in diesem Bericht teilweise von denen im Konvergenzbericht der Europäischen Kommission. Während der Bericht der Europäischen Kommission auf den Volkswirtschaftlichen Gesamtrechnungen (ESVG 95) basiert, beruhen die Angaben im Konvergenzbericht der EZB auf Zahlungsbilanzstatistiken des griechischen Statistikamts und der Bank von Griechenland.

(b) Schätzungen der Bank von Griechenland zum Auslandsvermögensstatus.

Abb. 7´ GR: Ein-, Ausfuhr;Leistg.bilanz

in % des BIP

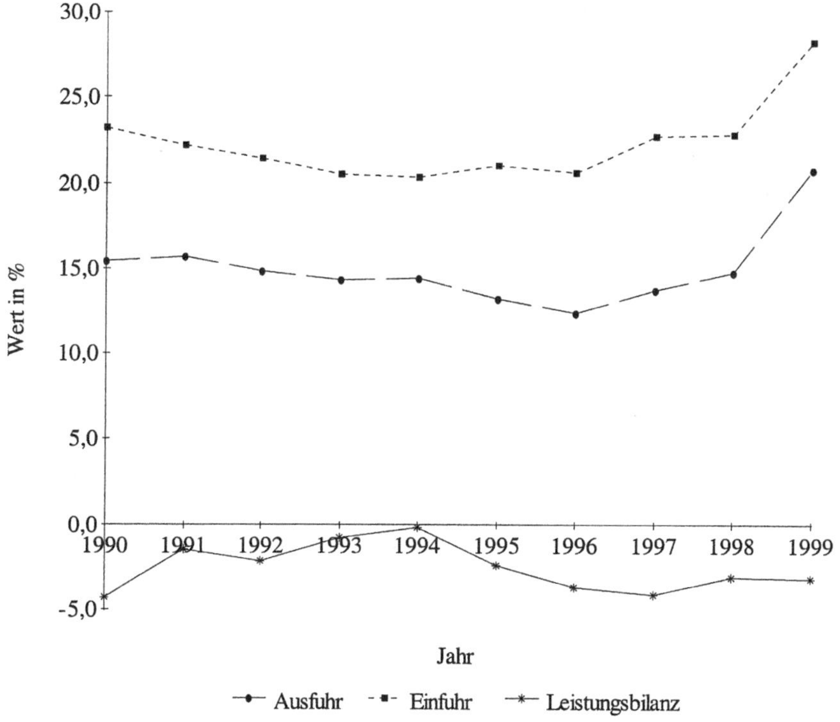

4.3.3.1.4. Entwicklung des langfristigen Zinssatzes

Nach den Konvergenzberichten 1998 des EWI und der Kommission hatte Griechenland auch das Kriterium des langfristigen Zinssatzes verfehlt: im Referenzzeitraum Februar 1997 bis Januar 1998 wies das Land einen durchschnittlichen langfristigen Zinssatz von 9,8% auf und lag damit, trotz der Konvergenzfortschritte gegenüber den anderen EU-Länder mit den niedrigsten Anleiherenditen , um ganze 2 Prozentpunkte über dem Referenzwert von 7,8%.[1] Der seit 1992 andauernde rückläufige Trend der langfristigen Zinssätze in Griechenland konnte fast kontinuierlich bis zum Ende des der Konvergenzprüfung 2000 zugrundeliegenden Referenzzeitraums (April 1999 bis Februar 2000, wie bei dem Inflationskriterium) fortgesetzt werden.[2] Innerhalb des Referenzzeitraums lag der langfristige Zinssatz in Griechenland mit 6,4% 0,8 Prozentpunkte unter dem Referenzwert von 7,2%. Bei den Ländern mit den niedrigsten Anleiherenditen handelte es sich um Frankreich (5,0%), Österreich (5,1%) und Schweden (5,4%). Der Durchschnitt aus diesen drei Werten beträgt 5,2% (aufgerundet) und der Referenzwert 5,2% + 2,0% = 7,2%.[3] Ausgehend von der Konstruktion des Referenzwertes beim Kriterium des langfristigen Zinssatzes hatte Griechenland bereits im Oktober 1999 den Referenzwert unterboten und lag seither darunter.[4] Für das ganze Jahr 1999 lagen die Werte bei 6,3% (griechischer Wert) und 6,8% (Referenzwert)[5] Maßgeblich zu dieser Konvergenz hat die Verringerung des Inflationsgefälles beigetragen, die ihrerseits das Resultat der griechischen Geldpolitik, besonders im Hinblick auf Inflationsrate und Inflationserwartungen, war. Ein weiterer Einflussfaktor in jüngerer Zeit war Griechenlands verbesserte Finanzlage. Die Konvergenz der langfristigen Zinsen brachte auch in der Folgezeit bei weiter sinkenden Zinssätzen enorme Vorteile für das Wachstum der griechischen Volkswirtschaft.

---

1 Siehe Tab. 9′ und Abb. 8′, S. 121.

2 Eine Ausnahme von den rückläufigen langfristigen Zinssätzen gab es nur in der zweiten Jahreshälfte 1997 aufgrund der Abwertungsspekulation gegen die Drachme (s. auch S. 72, Punkt 4.1.4.) und Ende 1998 infolge der Turbulenzen auf den internationalen Finanzmärkten, die durch die Russland-Krise verursacht wurden. (s. auch S. 78, Punkt 4.2.3.) Bis März 2000 konnte der Abstand zwischen den langfristigen Zinssätzen in Griechenland und dem durchschnittlichen Zinssatz für zehnjährige Benchmark-Anleihen im Euroraum weiter auf 0,8 Prozentpunkte verringert werden. Vgl. auch Bericht der Kommission 2000, S. 30.

3 Vgl. auch Bericht der Kommission 2000, S. 73.

4 Vgl. ebda, S. 31.

5 Siehe Tab. 9′ und Abb. 8′, S. 121.

Tab. 9´ GR: Langfristige Zinssätze

(in %)

	1995	1996	1997	1998	1999	Konverg.zeit (April 99-Febr.00)	2000 Jan.	2000 Febr.	2000 März
Langfristiger Zinssatz	17,0	14,5	9,9	8,5	6,3	6,4	6,6	6,5	6,2
Referenzwert	-	9,1	8,0	6,6	6,8	7,2	-	-	-
Durchschnitt des Euro-Währungsgebietes	8,7	7,2	6,0	4,7	4,6	5,0	5,7	5,7	5,5

Quelle: Konvergenzbericht 2000 der EZB, S. 40 sowie Bericht der Kommission Konvergenzbericht 2000, S. 31; Europäische Kommission.
Anmerkung: Der Referenzwert wird auf der Basis derjenigen drei Länder festgelegt, die in Bezug auf die Preisstabilität am besten abgeschnitten haben (Frankreich, Österreich und Schweden für den Zeitraum von April 1999 bis März 2000), zuzüglich 2 Prozentpunkten.
Der Durchschnitt des Euro-Währungsgebiets dient lediglich zur Information.

Abb. 8´ GR: Lgfr. Zinssätze

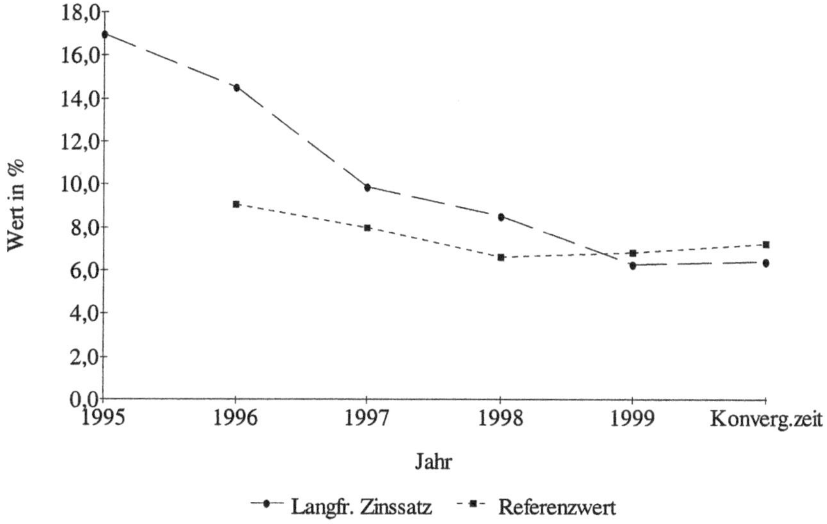

5. Die Lage der griechischen Volkswirtschaft in den Jahren 2000 (Beitrittsentscheidung) und 2001 (Beitrittsjahr des Landes in die WWU)

5.1. Wachstum des realen BIP und seiner Nachfragekomponenten

Auch in den Jahren 2000 und 2001 verzeichnete die griechische Volkswirtschaft ein hohes Wirtschaftswachstum. Lag 1999 die Wachstumsrate des realen BIP bei 3,4%, so stieg diese 2000 auf 4,3% an. Für 2001 ist eine Wachstumsrate von 4,1% vorgesehen. Die Projektion des Stabilitätsprogramms sah für 2000 einen Wert von 4,1% und für 2001 5,0% vor.[1] Die ungünstige Weltkonjunktur, aber auch und vor allem der Terroranschlag in New York und seine Auswirkungen auf die Weltwirtschaft, zwangen das griechische Wirtschafts- und Finanzministerium dazu, bei der Aktualisierung des Stabilitätsprogramms von Dezember 2001 diesem Umstand Rechnung zu tragen.[2] Griechenland verzeichnete auch im Jahr 2001, das sechste Mal hintereinander, ein überdurchschnittliches Wachstum, sowohl innerhalb der EU-15 als auch der WWU. Europäische Kommission, OECD und IWF haben im Jahr 2001 in ihrer Herbstprognose ihre Frühjahrsprognose auch im Hinblick auf das Wachstum des realen BIP nach unten revidiert. Besagte Organisationen veranschlagten in ihren Herbstprognosen 2001 (Durchschnitt der drei Organisationen) eine Verlangsamung des durchschnittlichen BIP-Wachstums in der Eurozone von 1 Prozentpunkt während das

1 Vgl. The 2000 Stability ..., a.a.O., S. 7 Table 5 und S. 11 Table 8.

2 Die Wachstumsrate des realen BIP in 2000 von 4,3% gegenüber dem Vorjahr wurde dem Monatsbericht März 2002 der Bundesbank entnommen und stimmt mit dem Wert des aktualisierten griechischen Stabilitätsprogramms vom Dezember 2001 überein. (Vgl. Deutsche Bundesbank Monatsbericht März 2002, Statistischer Teil, S. 7*, Tab. 10´ (aktualisiert) sowie The 2001 Update of the Hellenic Stability and Growth Programme 2001-2004, hrsg. v. Hellenic Republic Ministry of Economy and Finance, December 2001, S. 4, Table 1.) Der im Jahresbericht 2000 der EZB ausgewiesene Wert beträgt 4,1% und wurde offensichtlich dem aktualisierten griechischen Konvergenzprogramm 1999 entnommen. (Vgl.: EZB-Jahresbericht 2000, S. 85, Tab. 8 sowie The 2001 Update ..., a.a.O., S. 6, Table 2.) Die Wachstumsrate 2001 wurde ebenfalls dem aktualisierten griechischen Stabilitätsprogramm entnommen; vgl. The 2001 Update ...,a.a.O., S. 3 und 6, Table 2.

durchschnittlich geschätzte BIP-Wachstum für Griechenland bei 4% liegt.[1] Alle Anzeichen sprechen dafür, dass das überdurchschnittliche Wachstum des realen BIP in Griechenland in den nächsten Jahren anhalten wird.[2]

Als Expansionsmotor diente, wie in den Vorjahren auch, die Inlandsnachfrage mit einer Wachstumsrate (einschließlich Vorratsveränderungen) von 4,8% in 2000 und 3,9 in 2001 (prognostiziert).[3] Im einzelnen haben sowohl der Konsum, als auch die Investitionen, wenn auch unterschiedlich, zur Steigerung der Inlandsnachfrage beigetragen.

Die privaten Konsumausgaben stiegen im Jahr 2000 moderat von 2,9% auf 3,2%. Im Jahr 2001 schwächte sich die Steigerung gegenüber dem Vorjahr etwas ab auf 3,1%.[4] Zur Steigerung des privaten Konsums in den beiden Jahren haben im wesentlichen Steuerreformen und sinkende Zinssätze beigetragen, die zu einer enormen Ausweitung der Konsumentenkredite geführt haben und die Konsumausgaben der privaten Haushalte in die Höhe schnellen ließen.[5] Der öffentliche Konsum nahm im Jahr 2000 mit 2,3% kräftiger zu als im Stabilitätsprogramm 2000 veranschlagt (0,8%).[6] Während des Jahres 2001 sank

---

1 Vgl. Aktuelle Entwicklungen und Perspektiven der griechischen und internationalen Wirtschaft, in: Halbjahresbericht des griechischen Wirtschafts- und Finanzministeriums (in griechischer Sprache), Dezember 2001, Heft 34 (neu) , S. 7.

2 Die aktuellen Wachstumsraten des realen BIP für die EWU: 1998: 2,9% , 1999: 2,6% und 2000: 3,4%. Für das Jahr 2001 liegen nur die vorläufigen Werte der ersten drei Quartale vor; sie ergeben einen Durchschnitt von 1,8%. (Vgl. Deutsche Bundesbank Monatsbericht Februar 2002, Statistischer Teil, S. 7*) Nach dem terroristischen Anschlag vom 11. September kann man mit Sicherheit davon ausgehen, dass das reale BIP 2001 in der EWU mit weniger als 1,8% gewachsen ist. Die Herbstprognose der Kommission geht von 1,6% aus und revidiert die eigene Frühjahrsprognose um 1,2 Prozentpunkte nach unten; vgl. Herbstprognose der Kommission für 2001-2003, in Europäische Wirtschaft, Beiheft A Wirtschaftsanalysen, No 10/11 – Oktober/November 2001, S. 1 sowie Frühjahrsprognose der Kommission für 2001-2002, in Europäische Wirtschaft, Beiheft A Wirtschaftsanalysen, No 3/4 – März /April 2001, S. 1.

3 Vgl.: The 2001 Update ..., a.a.O., Table 9.

4 Die Ausweitung des privaten Konsums, vor allem in 2000, ist u.a. auch auf die in 1999 erfolgte Senkung der indirekten Steuern zurückzuführen. Die Wachstumsrate des privaten Verbrauchs innerhalb des Euro-Währungsgebiets ermäßigte sich von 2,8% in 1999 auf 2,6% in 2000. Die geringfügige Abschwächung des Jahres 2001 ist hauptsächlich auf die reduzierte Nachfrage gekaufter Neuwagen zurückzuführen. Vgl. Aktuelle Entwicklungen und Perspektiven ..., a.a.O., S. 6.

5 Vgl. auch Herbstprognose der Kommission für 2001-2003 ..., a.a. O., S. 22.

6 Vgl.: The 2001 Update ..., a.a.O., Table 9.

der öffentliche Konsum gegenüber dem Vorjahr zwar um 0,5 Prozentpunkte auf 1,8%, übertraf jedoch die Projektion des Stabilitätsprogramms 2000 von 0,5%.[1] Der Anteil des Konsums am BIP machte im Jahr 2000 69,8% für den privaten und 15,5% für den öffentlichen Konsum aus.[2]

Die Investitionen in Griechenland trugen auch in den zwei letzten Jahren wesentlich mehr als der Konsum zur Steigerung des realen BIP bei. Ihr Anteil am realen BIP wurde immer größer: von 18% 1995 auf 22,6% im Jahr 2000, d.h. die Gesamtinvestitionen sind schneller als die gesamtwirtschaftliche Produktion gewachsen.[3] Die Investitionstätigkeit nahm zwischen 1999 und 2000 mit 7,8% stark zu, bei weitem jedoch nicht so stark wie im Stabilitätsprogramm 2000 vorgesehen. Nach der Projektion sollten die Investitionen um 2 Prozentpunkte auf 9,3% ansteigen, tatsächlich sind sie aber nur um 0,5 Prozentpunkte auf 7,8% gestiegen.[4] Nichtsdestotrotz lagen die Investitionen, wie in den Vorjahren auch, weit über den rückläufigen Sätzen des Euro-Währungsgebiets (von 5,3% 1999 auf 4,8% in 2000).[5] Die Investitionstätigkeit hat im Jahr 2001 mit einer Steigerung von 8,5% gegenüber 2000 noch einmal zugelegt. Auch in diesem Jahr war der Anteil der öffentlichen Investitionen an den Gesamtinvestitionen besonders groß. Angesichts der bereits erwähnten schlechten Verfassung der Weltwirtschaft und angesichts des Terroranschlags, musste die im Stabilitätsprogramm 2000 projizierte Investitionssteigerungsrate von 11,7% auf besagte 8,5% korrigiert werden. Zum starken Wachstum der Investitionstätigkeit in den beiden Jahren haben vor allem die sinkenden Zinssätze, die Realisierung von Projekten mit Hilfe des 3. Gemeinschaftlichen Förderkonzepts [6] sowie Investitionen, die anlässlich der Austragung der Olympischen Spiele 2004 in Athen getätigt wurden (und noch getätigt werden) beigetragen.[7]

---

1 Vgl. The 2001 Update ..., a.a.O., Table 9.

2 Vgl. Herbstprognose der Kommission für 2001-2003 ..., a.a.O., S. 22, Tab. : Grundzüge der Länderprognose – GRIECHENLAND.

3 Vgl. ebda; aufgrund des negativen Außenbeitrags ergibt die Summe von Gesamtkonsum und Gesamtinvestition mehr als 100% des realen BIP.

4 Vgl. The 2001 Update ...a.a.O., Table 9.

5 Bereits im Konvergenzprogramm 1998 wurde die Entwicklung der Investitionstätigkeit stark überschätzt: Die Zielgröße für 1999 lag bei 12,2%, erreicht wurden jedoch nur 7,3%.

6 Der Gesamtbetrag, den Griechenland durch das 3. Gemeinschaftliche Förderkonzept für den Zeitraum 2000-2006 beansprucht, beträgt 51,3 Mrd. €. Gefördert werden sowohl private als auch öffentliche Investitionen. Vgl. The 2000 Stability ..., a.a.O., S. 12.

7 Es geht vor allem um die Bereitstellung großer Teile der Infrastruktur für die Olympiade 2004. Vgl. Ebda sowie The 2001 Update ...a.a.O., S. 6f.

Im Gegensatz zu 1999, das einen auf 0,2% gegenüber dem Vorjahr angestiegenen Außenbeitrag aufwies, fiel die Veränderung des Jahres 2000 gegen 1999 mit -0,43% erneut negativ aus und verhinderte auf diese Weise ein noch höheres Wachstum des realen BIP. Die starke Binnennachfrage induzierte eine unverhältnismäßig hohe Steigerung der Importe, vor allem bei Investitionsgütern, Rohstoffen und Autos (Griechenland hat keine Autoindustrie) von 3,9% in 1999 auf 15,0% im Jahr 2000 (projiziert waren nur 7,4%). Die Einfuhrpreise lagen im Jahr 2000 mit 6,1% um 4,9 Prozentpunkte über der Steigerungsrate von 1999. Das starke Ansteigen ist darauf zurückzuführen, dass, abgesehen von der besagten Importsteigerung im Jahr 2000, der Ölpreis innerhalb dieses Zeitraums erheblich anzog und dass der US-Dollar gegenüber dem Euro stark aufwertete. Die Zunahme der Exporte, vor allem in die Länder Mittel- und Osteuropas, fiel aufgrund der Erholung der Weltwirtschaft stärker als erwartet aus (18,9% statt 8,0%) und trug dazu bei, dass der Außenbeitrag -0,43% statt -0,59% erreichte.[1] Das chronische Handelsbilanzdefizit konnte durch die hohen Überschüsse der Dienstleistungsbilanz sowie die Kapitalzuflüsse durch Direktinvestitionen und Anlagen in Wertpapiere teilweise ausgeglichen werden. Dennoch weitete sich das Defizit der Leistungsbilanz einschließlich Vermögensübertragungen gegenüber 1999 um 2,8 Prozentpunkte auf 6,9% des BIP aus.[2] Für das Jahr 2001 werden explizit keine Werte ausgewiesen; voraussichtlich liegen die Einfuhrpreise bei 4,1% und somit 2 Prozentpunkte niedriger als 2000.[3]

Auch im Jahr 2001 war der griechische Außenbeitrag negativ (-0,3% gegenüber dem Vorjahr). Während die Importe von Gütern und Dienstleistungen um fast 10 Prozentpunkte auf 5,2% sanken, fiel der Einbruch bei den Exporten mit rund 13 Prozentpunkten auf 5,8% noch kräftiger aus. Zwar trägt die weltweite Rezession die Hauptverantwortung für die Verkleinerung des Handelsvolumens, insbesondere den Exportrückgang; der geringere Rückgang der Importe ist jedoch darauf zurückzuführen, dass ein Teil der Importe, der die technologische Ausrüstung betrifft, nicht reduziert werden kann, ohne die intensive Investitionstätigkeit, die zur Zeit in Griechenland stattfindet, zu gefährden.[4]

---

1 Vgl. The 2001 Update ...a.a.O., S. 5 und Table 9.

2 Vgl.: Jahresbericht 2000 der EZB, S. 84. Auf S. 85, Tabelle 8 des gleichen Jahresberichts wird dieser Wert mit 7,1% ausgewiesen.

3 Der Wert 4,1% ergibt sich durch Vergleich der jährlichen durchschnittlichen realen Wachstumsrate der Einfuhrpreise für den Zeitraum 1995 / 2001, die mit 4,4% angegeben wird und der auf gleicher Weise ermittelten Wachstumsrate für den Zeitraum 1995 / 2000 aus Tabelle 10´, S. 135/136.

4 Vgl. The 2001 Update ...a.a.O., Punkt 4.1.

5.2. Entwicklung der Verbraucherpreise

Die HVPI-Inflationsrate des Jahres 2000 betrug 2,9% gegenüber dem Vorjahr, was eine Steigerung von 0,8 Prozentpunkten bedeutet. Der nationale VPI stieg sogar im Jahresdurchschnitt 2000 um 3,2% (1999: 2,6%). Der enorme Anstieg der Inflationsrate wird primär auf die erhebliche Verteuerung des Ölpreises, die Abwertung der Drachme gegenüber ihrer Zentralparität und gegenüber dem US$[1] sowie die auf 1,5% gegenüber dem Vorjahr gestiegenen Lohnstückkosten zurückgeführt.[2] Die EZB rechnet auch den Wegfall der inflationsdämpfenden Wirkung durch die in 1999 erfolgte Senkung der indirekten Steuern zu diesen Einflussfaktoren.[3]

Das griechische Wirtschafts- und Finanzministerium geht im Stabilitäts- und Wachstumsprogramm 2000 davon aus, dass es sich bei dem starken Inflationsanstieg des Jahres 2000 wahrscheinlich um ein kurzfristiges, auf das Jahr begrenzte Phänomen handelt. Dazu werden zwei Argumente angeführt: zum einen, dass der Wechselkurs zum Euro seit dem 01. Januar 2001 unveränderbar ist (340.75 GRD / €) und zum anderen, dass der Ölpreis nach zuverlässigen Quellen aus internationalen Organisationen wahrscheinlich nicht weiter ansteigen wird.[4] Legt man nämlich die Kerninflation zugrunde, die bekanntlich durch den jährlichen Anstieg des nationalen VPI ohne die Preise für Brennstoffe und frisches Obst und Gemüse gemessen wird, so ergab sich innerhalb eines Zeitraums von

1 Die durchschnittliche jährliche Preissteigerung des Rohöls im Jahr 2000 betrug für die Griechen 87% verglichen mit 42% im Vorjahr. Vgl. The 2001 Update ...a.a.O., S. 5. Nachdem der Kurs der Drachme zu Beginn des Jahres 2000 auf ca. 331 GRD / € gestiegen war, kam durch die mit dem Realignment erfolgte Leitkursanpassung auf 340,75 GRD / € ein Abwertungspotenzial auf die griechische Währung zu, das bis zum Jahresende anhielt.

2 Vgl. Tab. 10´ Makroökonomische Indikatoren, S. 135/136. Die im aktualisierten Konvergenzprogramm 1999 anvisierte Zielgröße von 2,0% konnte somit unterboten werden (vgl.: The 2000 Stability and Growth Programme: 2000-2004, a.a.O., S. 7, Table 5). Der gebremste Anstieg der Lohnstückkosten resultiert aus der im Mai 2000 erzielten Einigung der Tarifpartner des Privatsektors sowie aus Produktivitätsgewinnen. Die Einigung wurde in der dritten Verhandlungsrunde erzielt und mündete in einen zweijährigen Tarifvertrag, der den Arbeitsfrieden bis Ende 2001 sicherte. Vgl. auch o. V.: „Tarifeinigung: 5,5% in zwei Jahren“ in: Athener Zeitung (AZ)–Wirtschaft-; Griechischer Wirtschaftsdienst (GWD), Jg. 9, Nr. 318 vom 19. Mai 2000.

3 Vgl.: Jahresbericht 2000 der EZB, a.a.O., S. 84 sowie S. 87 dieser Arbeit.

4 Es wurde bereits auch an anderer Stelle erwähnt, dass Ölpreissteigerungen das griechische Preisniveau, im Vergleich zu dem anderer EU-Länder, überdurchschnittlich belasten; s. auch S. 87 dieser Arbeit.

12 Monaten (zwischen Oktober 1999 und September 2000) eine Preissteigerung von unter 2,0% und erst ab September 2000 lag sie über dieser Marke.[1] Jedoch aufgrund eben der seit September 2000 ansteigenden Kerninflation, auch wenn diese bis weit ins Jahr 2001 hinein unterhalb der maßgeblich gemessenen Inflation verläuft, gab es in EU-Kreisen Anlass zur Besorgnis.[2]

Ein weiteres Argument der griechischen Seite war, dass die Preissteigerung des Jahres 2000 (0,8 Prozentpunkte gegenüber dem Jahr 1999) bei weitem nicht so gravierend sei, wenn man das Ausmaß der monetären Erleichterungen in Rechnung stelle: So konnte der Zinssatz für 14-tägige Pensionsgeschäfte (einer der drei Leitzinssätze), von 10,75% Ende 1999 (mit Wirkung vom 16. 12. 1999) auf 5,75% Ende 2000 (mit Wirkung vom 13. 12. 2000) gesenkt werden.[3] Die Auswirkungen auf die Inflation fielen, trotz der monetären Erleichterungen, deswegen so moderat aus, weil ein negativer Einkommenseffekt hinzukam: Da in Griechenland der Anteil von Zinseinnahmen am verfügbaren Einkommen der privaten Haushalte besonders groß ist, brachten die starken Zinssenkungen im Zuge der Angleichung des griechischen Zinsniveaus an das der WWU-Länder Einkommensverluste mit sich, die sich nachfragemindernd auswirkten.[4]

Im Jahr 2001 belief sich die HVPI-Inflation in Griechenland auf 3,7%.[5] Allerdings ist die Entwicklung während des Jahres unterschiedlich verlaufen. Der Ölpreisanstieg, der die Verbrauchspreisentwicklung im Jahr 2000 beherrschte, setzte sich auch im Jahr 2001 fort und es gab bis zum Sommer 2001 keine Anzeichen für eine Trendwende bei der Inflation. Der HVPI lag im Juni bei 4,5%, ermäßigte sich bis November 2001 auf 2,9%, um erneut im Dezember um 3,4% zu steigen (prozentuale Steigerung jeweils gegenüber den entsprechenden Vorjahreswerten).[6] Ähnlich verlief auch der nationale VPI. Aufgrund von Basisjahreffekten, langsamerem Ansteigen der Einfuhrpreise - insbesondere beim Öl -, abgeschwächtem Wachstum der Inlandsnachfrage, moderater Erstar-

---

1 Vgl.: The 2000 Stability and Growth Programme: 2000-2004, Hellenic Republic Ministry of National Economy and Finance, December 2000, S. 8.

2 Vgl. Frühjahrsprognose der Kommission für 2001-2002, in Europäische Wirtschaft, Beiheft A Wirtschaftsanalysen, No ¾ - März / April 2001, S.22/23.

3 Der Reduzierung um 500 Basispunkte folgte zwei Wochen später (27. 12. 2000) auch die letzte Zinssenkung dieser Art vor dem Beitritt des Landes in die Eurozone um weitere 100 Basispunkte auf 4,75%; s. auch Anhang IV, S. 181

4 Vgl. The 2000 Stability…,a.a.O., S. 8.

5 Vgl. Tab. 10´, S. 135/136 sowie Deutsche Bundesbank Monatsbericht Februar 2002, Statistischer Teil, S. 7*.

6 Vgl. ebda.

kung des Euro gegenüber dem US$ und günstigen Preisindizes, insbesondere Großhandelspreisen, ab dem 2. Halbjahr 2001, pendelte sich der HVPI im Jahresdurchschnitt auf 3,7% ein.[1] Der Deflator für den Privaten Verbrauch stieg 2001 genauso stark wie im Vorjahr, nämlich um 3,1% [2]

5.3. Entwicklung auf dem Arbeitsmarkt

Trotz des überdurchschnittlichen Wachstums des realen BIP nahm die Beschäftigung im Jahr 2000 mit –0,3% erneut ab, wenn auch nicht so stark. Der Rückgang der Gesamtbeschäftigung hängt damit zusammen, dass die Beschäftigungszuwächse des Dienstleistungssektors und der Bauwirtschaft durch die Beschäftigungsrückgänge in der Landwirtschaft und dem Verarbeitenden Gewerbe überkompensiert wurden.[3]

Das Jahr 2001 brachte eine Zunahme der Beschäftigung gegenüber dem Vorjahr um 1,1 Prozentpunkte auf 0,8%.[4] Offensichtlich fangen die von der griechischen Regierung im Jahr 2000 ergriffenen Maßnahmen zum Abbau der (strukturellen) Arbeitslosigkeit langsam an, ihre volle Wirkung zu entfalten. Es handelt sich um Maßnahmen, die über die aktive Arbeitsmarktpolitik, wie sie im „Nationalen Aktionsplan für Beschäftigung“ beschrieben ist, hinaus sowohl das Arbeitsangebot, als auch die Nachfrage nach Arbeitskräften betreffen. Zum Beispiel auf der Angebotsseite die Abschaffung der Rentenbeiträge für solche Arbeitnehmer, die einen Mindestlohn beziehen und auf der Nachfrageseite eine Ermäßigung der Arbeitgeberbeiträge zur Sozialversicherung von 2 Prozentpunkten für die Beschäftigung von Arbeitnehmern, die einen Lohn beziehen, der um ca. 25% über dem Mindestlohn liegt.[5]

Die Arbeitslosenquote im Jahr 2000 ermäßigte sich gegenüber dem Rekordhoch des Jahres 1999 um 0,6 Prozentpunkte auf 11,4%. Analog verhielt es sich auch

---

1 Vgl. auch Herbstprognose der Kommission für 2001-2003 ..., a.a.O., S. 22 sowie The 2001 Update ...a.a.O., Punkt 2.1.2, S. 6.

2 Vgl. Herbstprognose der Kommission für 2001-2003, a.a.O., S. 22, Tab. : Grundzüge der Länderprognose – GRIECHENLAND.

3 Vgl. Herbstprognose der Kommission für 2001-2003 ..., a.a.O., S. 22.

4 Vgl. Tab. 10′, S. 135/136 dieser Arbeit sowie Herbstprognose der Kommission für 2001-2003, a.a.O., S. 22, Tab. : Grundzüge der Länderprognose – GRIECHENLAND.

5 Vgl. The 2000 Stability...,a.a.O., S.21; Beim Mindestlohn handelt es sich um ca. 470 € monatlich.

mit der Arbeitslosenquote 2001, sie sank weiter auf 11,1%.[1] Das anhaltend hohe Wachstum in Griechenland und die Fortsetzung der Strukturreformen werden auch weiterhin dazu beitragen, dass die Arbeitslosenquote geringer wird. Beide Werte, sowohl die Arbeitslosenquote des Jahres 2000 als auch die des Jahres 2001, bleiben weiterhin überdurchschnittlich hoch und wurden in beiden Jahren innerhalb der WWU nur noch von Spanien übertroffen (2000: 14,1%; 2001: 13,1%). Die aktuellen Werte der durchschnittlichen Arbeitslosenquote der letzten drei Jahre für die WWU (einschließlich Griechenland) lauten: 1999: 9,9% , 2000: 8,9% und 2001: 8,5%.[2] Das Arbeitnehmerentgelt je Arbeitnehmer konnte im Jahr 2000 mit 6,1% den Zuwachs des Vorjahres (4,8%) übertreffen.

5.4. Finanzpolitische Entwicklung

Die Haushaltsungleichgewichte wurden im Vorfeld des Beitritts des Landes zur WWU sukzessive korrigiert. Im Jahr 2000 konnte die Konsolidierung der öffentlichen Haushalte fortgesetzt werden. So verringerte sich das Haushaltsdefizit des Staates von 1,8% im Jahr 1999 auf 1,1% im Jahr 2000.[3] Die Reduzierung des Haushaltsdefizits in 2000 um 0,7 Prozentpunkte ist vornehmlich auf das hohe Steueraufkommen aber zum Teil auch auf Ausgabekürzungen, wie z.B. Rückgang der effektiven Zinsausgaben, zurückzuführen.[4] Die Gesamteinnahmen stiegen in 2000 um 10,1% gegenüber 1999 (projektiert waren 8,4%). Davon konnten die indirekten Steuern um 10,3% (projektiert: 8,0%) und die direkten Steuern um 13,2% (projektiert: 10,0%) gesteigert werden. Die Gesamtausgaben jedoch stiegen mit 8,7% um 3 Prozentpunkte mehr als im Stabilitätsprogramm 2000 veranschlagt. Insofern liegt 2000 ein stärkeres Wachstum bei den Ausgaben als bei den Einnahmen vor. Insbesondere der Staatsverbrauch hat mit 10,1% (7,5% projektiert) wesentlich zum Ausgabenwachstum beigetragen. Von besonderem Interesse für die Defizitquote sind die effektiven Zinsausgaben sowie der Primärüberschuss. Beide stiegen geringer als veranschlagt: die Zinsausgaben um 2,6% (2,9% projektiert) und der Primärüberschuss um 6,1% (6,5% projektiert).

In der Zeit zwischen 1994 und 2000, als sich die Defizitquote um ca. 9 Prozentpunkte verringerte, wurden die Sozial- und Verteidigungsausgaben des Landes nicht reduziert, sondern sogar erhöht. Betrugen die Sozialausgaben 1995 15,1%

---

1 Vgl. Tab. 10´, S. 135/136 dieser Arbeit..

2 Vgl. Deutsche Bundesbank Monatsbericht Februar 2002, Statistischer Teil, S. 7*.

3 Im Stabilitätsprogramm 2000-2004 waren 1,2% veranschlagt; vgl. The 2000 Stability..., a.a.O., S. 6/7 und Table 6.

4 (Vgl. The 2000 Stability ..., a.a.O., S. 7. Es muss jedoch hier festgehalten werden, dass die effektiven Zinsausgaben mit sinkender Schuldenquote automatisch geringer werden.

des BIP, so wurden sie im Jahr 2000 auf 16,3% aufgestockt. Der Durchschnitt bei der EU-15 lag entsprechend bei 17,3% und 16,4% des BIP. Die Verteidigungsausgaben sind auf hohem Niveau moderat gestiegen und liegen mehr als doppelt so hoch als der Durchschnitt der NATO-Länder Europas (zum Vergleich: 1995 4,5% des BIP in Griechenland und 2,2% bei den NATO-Ländern Europas ; 2000 4,9% in Griechenland und 2,1% bei den NATO-Ländern Europas).[1]

Das Jahr 2001 hat mit einem einen geringfügigen Überschuss von 0,1% des BIP aufzuweisenden Haushalt abgeschlossen. Er ist der erste nichtdefizitäre Haushalt in Griechenland seit 1974! Projektiert waren 0,5% des BIP. Diese Abweichung ist auf die Auswirkungen eines unerwartet langsameren Wachstums des realen BIP (4,1% statt 5,0%) sowie einer höheren Inflation (HVPI: 3,7%) zurückzuführen, die Steuermindereinnahmen und höhere Primärausgaben (vorwiegend Löhne und Gehälter sowie Transferausgaben) im Jahr 2001 bewirkten.[2] Der geringfügige Haushaltsüberschuss wurde trotz eines im November 2000 in Kraft getretenen Steuerpakets erreicht, das eine Ermäßigung der Einkommens- und Körperschaftssteuersätze ermöglichte und dessen Wirkung mit ca. 0,4% des BIP veranschlagt wurde.[3] Der Rückgang der Steuereinnahmen ist nach Angaben des vom griechischen Wirtschafts- und Finanzministerium erstellten aktualisierten Stabilitätsprogramms auf folgende Ursachen zurückzuführen:

1. Die internationale Konjunkturabschwächung hat in Griechenland zu Gewinneinbußen bei Unternehmen und in der Folge auch zu geringeren Einnahmen aus der Körperschaftssteuer geführt. Technische Probleme bei der Eintreibung der Körperschaftssteuer haben ebenfalls zu den Steuerausfällen beigetragen.

2. Der starke Rückgang der Aktienkurse an der Athener Börse, zusammen mit einer 50%-igen Ermäßigung der auf den Aktienhandel erhobenen Steuer, hat zu einem enormen Einnahmenrückgang aus dieser Steuerart geführt.

---

1 Vgl. Aktuelle Entwicklungen und Perspektiven ..., a.a.O., S. 3 sowie S. 4 (Tabelle 1). Diese Werte sind ermittelt worden: für Griechenland für die Zeit 1995-2000 vom Griechischen Nationalen Statistikamt und für die EU-15 von der Europäischen Kommission. Die Angaben über die NATO-Länder Europas sind dem NATO-Handbook 7/2001 entnommen.

2 Vgl. Herbstprognose der Kommission für 2001-2003.., a.a.O., S. 23 sowie The 2001 Update ..., a.a.O., S. 18 und Table 10.

3 Zum Steuerpaket November 2000 vgl. The 2000 Stability .., a.a.O., S. 13.

3. Aufgrund der niedrigen Zinssätze auf Bankeinlagen wurde das Zinseinkommen der Anleger und in der Folge auch das Aufkommen aus Steuern auf Spareinlagen erheblich reduziert. Zum Teil ist aber das geringere Steueraufkommen aus dieser Steuerart auch darauf zurückzuführen, dass die Anleger von den zu versteuernden Bankeinlagen auf Rediskontkredite (Repos) umgestiegen sind, die in Griechenland nicht versteuert werden. Im Jahr 2002 soll jedoch auch auf die Repos eine Steuer erhoben werden.

Ein Teil der Steuerausfälle des Jahres 2001 konnte durch die Steigerung anderer Einnahmearten, vor allem durch Erlöse aus der Vergabe von UMTS-Lizenzen, die das griechische Wirtschafts- und Finanzministerium auf 484 Mio € schätzt, ausgeglichen werden. Wohlgemerkt, diese Einnahmen sind nicht im Haushalt 2001 enthalten.[1] Der gesamtstaatliche Überschuss im Jahr 2001 sollte laut Haushaltsplan 2001 0,5% des BIP betragen. Stattdessen wurden nach dem aktualisierten Stabilitätsprogramm vom Dezember 2001 offensichtlich 0,1% erreicht. In der Herbstprognose 2001 der Kommission wurde diese Entwicklung insofern antizipiert, als ausgehend vom griechischen Haushaltsplan 2001, ein unvermutet langsames Wachstum des realen BIP sowie eine höher als erwartete Inflationsrate für das gesamte Jahr 2001 konstatiert wurden. Daraus folgerte die Kommission Steuereinbußen sowie höhere Primärausgaben. Die Kombination von Mindereinnahmen und Mehrausgaben würde jedoch das in Übereinstimmung mit den Anforderungen des Stabilitäts- und Wachstumspakts gesetzte Ziel der griechischen Regierung, im Jahr 2001 einen gesamtstaatlich überschüssigen Haushalt zu präsentieren, konterkarieren. In ihrer Frühjahrsprognose 2001 geht die Kommission davon aus, dass ein gesamtstaatlicher Haushaltsüberschuss im Jahr 2001 implizieren würde, dass das tatsächliche Wachstum des realen BIP in Griechenland (nachträglich mit 4,1% festgestellt) das von der Kommission prognostizierte (Frühjahrsprognose: 4,4%) übersteigen müsste. Insofern war der Erlös aus dem im Haushalt nicht berücksichtigten Verkauf von UMTS-Lizen-

1 Vgl. The 2001 Update ..., a.a.O., S. 8; vgl. auch The 2000 Stability .., a.a.O., S. 12 sowie Herbstprognose der Kommission für 2001-2003.., a.a.O., S. 23.

zen, der auf 0,4% des BIP geschätzt wurde, unbedingt erforderlich, um einen (kleinen) Überschuss auszuweisen.[1]

Im Jahr 2001 beliefen sich die Sozialausgaben des Landes auf 16,5% des BIP, verglichen mit 16,4% des EU-15-Durchschnitts. Über die Verteidigungsausgaben dieses Jahres liegen für Griechenland, EU-15 und die NATO-Länder Europas noch keine Angaben vor.[2]
Die Schuldenquote ist seit 1996 rückläufig. Dazu haben steigende Primärüberschüsse sowie die Verwendung von Privatisierungserlösen zur Schuldentilgung beigetragen. Im Jahr 2000 erreichte sie 102,7% des BIP gegenüber 103,9% im Jahr 1999. Der verhältnismäßig geringe Rückgang der Schuldenquote im Jahr 2000 ist darauf zurückzuführen, dass

a) der US-Dollar und der japanische Yen während eines Großteils des Jahres aufwerteten und dazu beitrugen, dass der in Drachmen gerechnete Wert der ausstehenden Fremdwährungsverbindlichkeiten sich erhöhte und

b) Finanzgeschäfte, wie z. B. die Eigenkapitalzufuhr in öffentliche Unternehmen, getätigt wurden.[3]

Das griechische Wirtschafts- und Finanzministerium geht davon aus, dass die Schuldenquote 2001 99,6% des BIP erreichen und somit um 0,7 Prozentpunkte höher liegen wird als im Stabilitätsprogramm 2000 prognostiziert.[4] Diese Abweichung ist auf den niedriger als erwartet ausgefallenen Finanzierungsüberschuss 2001 (0,1% des BIP statt 0,5%) sowie das geringere

---

1 Ohne diesen Verkauf würde sich eine Defizitquote von 0,3% einstellen. Vgl. Herbstprognose der Kommission für 2001-2003.., a.a.O., S. 23 sowie Frühjahrsprognose der Kommission für 2001-2002.., a.a.O., S.23 und die darin enthaltene Tabelle: Grundzüge der Länderprognose – GRIECHENLAND, S. 22. Vgl. auch Commission assesses the 2001 update of the stability programme of Greece (2001-2004), S. 2, in Press Releases, DN: IP/02/163, Date: 30/01/2002, sowie Stellungnahme des Rates zum aktualisierten Konvergenzprogramm Griechenlands für den Zeitraum 1999-2002, S. 1, in: Bulletin EU 1/2-2000, Wirtschafts- und Währungspolitik (10/16); 1.3.10.; http://europa.eu.int/abc/doc/off/bull/de/200001/p103010.htm.

2 Vgl. Aktuelle Entwicklungen und Perspektiven ..., a.a.O., S. 4 (Tabelle 1). Diese Werte sind ermittelt worden: für Griechenland für die Zeit 1995-2000 vom Griechischen Wirtschafts- und Finanzministerium und für die EU-15 von der Europäischen Kommission.

3 Vgl. Jahresbericht 2000 der EZB, S. 85.

4 Vgl.: The 2000 Stability ..., a.a.O., S. 11, Table 11.

Wachstum des nominalen BIP gegenüber dem Vorjahr (7,4% statt 8,0%) zurückzuführen.[1] Die Kommission ging in ihrer Herbstprognose 2001 von einem Wert von 99,8% aus. [2]

Das Jahr 2001 markiert für die Schuldenquote ebenso wie für die Defizitquote eine Wende in Griechenland. Das Land präsentierte einen stabilitätsgerechten ausgeglichenen Haushalt und eine Schuldenquote unter 100%. Letztere ist zwar noch weit entfernt vom Maastrichter Kriterium von 60%, setzt jedoch ein optisches Signal ein und dokumentiert den Willen der griechischen Regierung, die erforderlichen Anstrengungen zu unternehmen um zu gewährleisten, dass die Schuldenquote *„hinreichend rückläufig ist und sich rasch genug dem Referenzwert nähert"*. [3]

---

1 Vgl.: The 2001 Update ..., a.a.O., S. 20 (Punkt 5.3. „General Government Debt") sowie Table 10.

2 Vgl. Herbstprognose der Kommission für 2002-2003, S. 23.

3 Artikel 104 Abs. 2 des EG-Vertrags, siehe auch Anhang III, S. 173.

Tab. 10´ GR: Makroökonomische Indikatoren 1994-2001
(soweit nicht anders angegeben, Veränderung gegen Vorjahr in %)

	1994	1995	1996	1997	1998	1999	2000 (8)	2001 (8)
Reales BIP	2,0	2,1	2,4	3,5	3,1	3,4	4,3	4,1
Wachstumsbeitrag zum realen BIP: (1)								
Reale Inlandsnachfrage einschließlich Vorratsveränderungen	1,1	3,7	3,5	3,9	5,1	3,2	4,8	4,4
Außenbeitrag	0,9	-1,6	-1,1	-0,4	-2,0	0,2	-0,5	-0,3
HVPI	10,3	8,8	7,9	5,4	4,5	2,1	2,9	3,7
Arbeitnehmerentgelt je Arbeitnehmer	10,8	12,2	8,8	13,5	6,0	4,8	4,5	-
Lohnstückkosten (Gesamtwirtschaft)	10,7	11,6	5,9	9,3	6,4	0,6	1,5	1,2
Einfuhrpreise	5,6	7,5	5,0	2,7	4,2	1,2	6,1	-
Leistungsbilanz einschließlich Vermögensübertragungen (% des BIP) (2)	-0,1	-2,5	-3,7	-4,0	-3,0	-4,1	-7,1	-
Beschäftigung	1,9	0,9	-0,4	-0,3	3,4	-0,7	-0,3	0,8
Arbeitslosenquote (%der Erwerbspersonen)	8,9	9,1	9,8	9,7	11,2	12,0	11,4	10,9
Finanzierungssaldo (% des BIP) (4),(5)	-10,0	-10,2	-7,4	-4,6	-3,2	-1,8	-1,1	0,1
Bruttoverschuldung (% des BIP) (4)	109,3	108,7	111,3	108,3	105,5	104,6	102,7	99,6
Dreimonatszinssatz in % p.a. (6)	26,7	16,4	13,8	12,9	13,9	10,3	7,8	4,3
Rendite zehnjähriger Staatsanleihen in % p.a. (6)	.	.	.	9,8	8,5	6,3	6,5	5,3
Wechselkurs gegenüber ECU / € (6),(7)	288	303	306	309	331	326	337	340,75

Fortsetzung Tab. 10´

Quellen: Jahrebericht 2000 der EZB, S. 85; Eurostat, Europäische Kommission, nationale Statistiken und EZB-Berechnungen; Aktualisiertes Stabilitätsprogramm 2001-2004 vom Dez. 2001 (The 2001 update of the Hellenic Stability and Growth Programme: 2001-2004)
Anmerkung: Die Daten der Volkswirtschaftlichen Gesamtrechnung beruhen auf dem ESVG 95.
(1) Prozentpunkte.
(2) Daten der Bank von Griechenland (auf Zahlungsbasis); vorläufige Daten für das Jahr 2000.
(3) Basis ESVG 95.
(4) Entspricht der Definition gemäß Maastricht-Kriterium.
(5) Haushaltsüberschuss (+) oder -defizit (-) des Staates.
(6) Durchschnittssätze der Berichtszeiträume.
(7) Nationale Währungseinheiten pro ECU bis Ende 1998; danach pro Euro.
(8) Die Werte des Jahres 2000 wurden aktualisiert und die Werte des Jahres 2001 neu erstellt. In beiden Jahren diente das aktualisierte Stabilitätsprogramm des griechischen Wirtschafts- und Finanzministeriums als Grundlage für die Wertfortschreibung folgender Indikatoren: aus Table 1: Reales BIP, Reale Inlandsnachfrage einschließlich Vorratsveränderungen, Außenbeitrag, HVPI (der HVPI-Wert für 2001 liegt laut Monatsbericht der Bundesbank vom März 2002 S. 7* bei 3,7%; das aktualisierte Stabilitätsprogramm weist einen Wert von 3,6% aus); Finanzierungssaldo, Bruttoverschuldung und Dreimonatszinssatz; aus Table 2: Arbeitslosenquote.

6. Die Perspektiven Griechenlands als 12. Mitgliedsland der Europäischen Wirtschafts- und Währungsunion

6.1. Wachstumsaussichten

Nach dem Beschluss des ECOFIN-Rats im Juni 2000,[1] dass Griechenland die erforderlichen Kriterien für die Einführung des Euro zum 1. Januar 2001 erfülle,[2] hat das Land im Dezember 2000 sein erstes Stabilitätsprogramm für den Zeitraum 2000-2004 vorgelegt. [3]

Das Stabilitätsprogramm wurde in Verbindung mit dem Haushaltsvorschlag für 2001 ausgearbeitet und legt in Umrissen Politik und Ziele des Landes für die Zeit von 2000 bis 2004 fest.[4] Das Programm, das, so wie in den bisher vorgelegten Konvergenzprogrammen, die Haushaltskonsolidierungsstrategie verfolgt, enthält zwei Szenarien im Hinblick auf die Wachstumsraten wichtiger makroökonomischer Aggregate: ein Basis- und ein Alternativszenario. Letzteres geht von pessimistischeren Prognosen aus, die aus ungünstigeren Grundannahmen - verglichen mit dem Basisszenario, vor allem über die Entwicklung der Preise für das importierte Öl,- resultieren.[5]

Im Basisszenario des Stabilitätsprogramms wurde ein kräftiges Wachstum des realen BIP projiziert: Ausgehend von einer geschätzten Wachstumsrate von 4,1% im Jahr 2000 (tatsächlich wurden 4,3% erreicht), soll diese sukzessive

---

1 Als Grundlage für diesen Beschluss auf dem Gipfel von Santa Maria da Feira dienten die von der EZB und der Kommission verfassten Konvergenzberichte, eine Stellungnahme des Parlaments sowie ein Vorschlag der Kommission.

2 Der ECOFIN-Rat entschied auch, dass mit Wirkung vom 1. Januar 2001 die unwiderrufliche Umrechnungsrelation der Drachme zum Euro gleich ihrem Leitkurs im WKM II (nach dem Realignment) sein sollte (GRD 340,75 pro Euro). Vgl. auch ECB. Monthly Bulletin. January 2001, S. 35.

3 Zum Stabilitäts- und Wachstumspakt sowie den Konvergenz- und Stabilitätsprogrammen vgl. S. 28 Fn. 1.

4 Vgl. The 2000 Stability…, a.a.O., S. 3.

5 Der detaillierte Vergleich beider Szenarien geht aus Table 13 („Comparison of the two growth scenaria"), S. 24 hervor.

größer werden und im Jahr 2004 schließlich 5,5% erreichen. Für das Jahr 2001 wurde ein Wachstum des realen BIP von 5,0% und für 2002 von 5,2% projiziert, während für den Zeitraum 2002-2004 dieses Wachstum jahresdurchschnittlich 5,2% erreichen soll.

In seinem Alternativszenario geht das Stabilitätsprogramm für die Zeit 2000 bis 2004 von einer durchschnittlichen Wachstumsrate des realen BIP von 4,4% aus (Basisszenario: 5,3%). Im einzelnen liegt die Wachstumsrate in jedem der Jahre 2001-2004 unter der entsprechenden Wachstumsrate aus dem Basisszenario. Analog entwickeln sich auch die Komponenten des BIP: Privater Konsum, Öffentlicher Konsum, Bruttoinvestition (gesamt) sowie Außenbeitrag.

Die entsprechenden Werte des aktualisierten Konvergenzprogramms von 1999 (für den Zeitraum 1999-2002) fallen für die zwei letzten, sich überlappenden Jahre 2001 und 2002 mit 4,1% und 4,3% bescheidener aus.[1] Während Kommission und Rat zu den projizierten BIP-Wachstumsraten des aktualisierten Konvergenzprogramms nicht explizit Stellung nehmen,[2] bezeichnen sie die Wachstumserwartungen des Stabilitätsprogramms als *„ehrgeizig und sehr hoch angesetzt“*.[3] Offensichtlich haben auch die griechischen Behörden das Ausmaß des weltweiten Konjunkturrückgangs im Jahr 2001 nicht hinreichend prognostizieren können. Auch die euphorische Stimmung nach dem beschlossenen Beitritt in die WWU mag dazu verleitet haben, zu hohe Wachstumserwartungen in das Stabilitätsprogramm hineinzuprojizieren.

Im Dezember 2001 hat das griechische Wirtschafts- und Finanzministerium das aktualisierte Stabilitätsprogramm Griechenlands für 2001-2004 vorgelegt. Darin wird das Wachstum des realen BIP für das Jahr 2002 mit 3,8% und für die Jahre 2003 und 2004 mit jeweils 4,0% veranschlagt. Diese Wachstumsraten sind zwar niedriger als die des Stabilitätsprogramms 2000, jedoch vereinbar mit den Projektionen von OECD, IWF und Kommission. Die wesentlichen Wachstumsimpulse kommen aus

- den kräftigen Investitionen des öffentlichen Sektors, die zum großen Teil aus dem 3. Gemeinschaftlichen Förderkonzept stammen, den öffentlichen

---

1 Vgl. The 2000 Stability…, a.a.O., Table 8, S. 11.

2 Vgl. Stellungnahme des Rates zum aktualisierten Konvergenzprogramm Griechenlands für den Zeitraum 1999-2002. Bulletin EU ½ - 2000 Wirtschafts- und Währungspolitik (10/16), a.a.O., S. 1.

3 Stellungnahme des Rates vom 12. Februar 2001 zum Stabilitätsprogramm Griechenlands für 2000-2004, S. 1, in: EUR-Lex: Geltendes Gemeinschaftsrecht – Dokument 301A0309(01), S. 1; http://europa.eu.int/eur-lex/de7lif/dat/2001/de_301A0309_01.html.

Bauten für die olympischen Spiele des Jahres 2004 sowie den hohen Privatinvestitionen,

- den geplanten und bereits vollzogenen Strukturänderungen,

- den Initiativen, die die griechische Regierung ergriffen hat, um makroökonomische Stabilität, Verbesserung der Wettbewerbsfähigkeit, Verringerung der öffentlichen Verschuldung sowie sozialen Zusammenhalt zu gewährleisten und

- der im zweiten Halbjahr 2002 erwarteten Konjunkturerholung in den anderen EU-Ländern sowie im Hinblick auf die Weltwirtschaft insgesamt.[1]

Der BIP-Anteil der Gesamtinvestitionen, die, wie bereits erwähnt, die wichtigste Komponente der inländischen Nachfrage darstellen, soll nach der Projektion des aktualisierten Stabilitätsprogramms für den Zeitraum 2002-2004 auf ca. 26% wachsen, von 22% im Jahr 2000. Sowohl private als auch staatliche Investitionen tragen zu dieser Ausweitung des Investitionsvolumens bei. Private Investoren sollen durch die niedrigen Zinssätze, die Liberalisierung der Märkte sowie die starke Inlandsnachfrage angezogen werden. Die Wachstumsimpulse durch die staatlichen Investitionen wurden bereits erwähnt.

Der private Konsum soll nach dieser Projektion mit der gleichen Rate wie im Zeitraum 2000-2001, nämlich mit ca. 3,1% jährlich, wachsen. Der Außenbeitrag wird weiterhin einen negativen Beitrag zum BIP leisten. Eine Besserung soll Ende 2004 eintreten.[2]

So wie das Stabilitätsprogramm enthält auch seine Aktualisierung ein Basis- und ein Alternativszenario. Letzteres wurde wieder für den Fall aufgestellt, dass die Entwicklung, wie sie im Basisszenario nach recht vorsichtigen Annahmen projektiert wurde,[3] nicht so „optimistisch“ verläuft. Dieses „pessimistische“ Szenario geht davon aus, dass für die Vorausschätzungsperiode 2002-2004 die durchschnittliche Wachstumsrate des realen BIP aufgrund einer weiteren Verlangsamung der internationalen Konjunktur um 0,6 Prozentpunkte niedriger als im Basisszenario ausfällt. Die niedrigere Wachstumsrate des realen BIP wird

---

1 Vgl. The 2001 Update ..., a.a.O., S. 3.

2 Vgl. ebda, S. 10.

3 Das Eurosystem verwendet den Begriff „Projektion“ statt „Prognose immer dann, wenn es sich um quantitative Ergebnisse von Szenarien handelt, die auf technischen Grundannahmen beruhen. Vgl. auch Jahresbericht 2000 der EZB, S. 13.

verursacht durch eine Verschlechterung des Außenbeitrags und eine Verringerung der inländischen Nachfrage.[1]

Die Kommission hat nach Bewertung des aktualisierten bzw. fortgeschriebenen Stabilitätsprogramms am 30. Januar 2002 eine Empfehlung an den Rat zu diesem Programm beschlossen. Der Rat der Europäischen Union hat am 12. Februar 2002 die Fortschreibung des Stabilitätsprogramms für den Zeitraum 2001-2004 geprüft und seine Stellungnahme abgegeben. Darin wird das jahresdurchschnittliche reale BIP-Wachstum von 4% für den Zeitraum 2002-2004 für erreichbar gehalten.[2] Die Empfehlung der Kommission im Hinblick auf die Wachstumsaussichten für das reale BIP in Griechenland geht davon aus, dass:

- die Fortschreibung des Stabilitätsprogramms auf einem realistischen makroökonomischen Szenario mit relativ hohen BIP-Wachstumsraten basiert,

- das Wachstum durch eine intensive Investitionstätigkeit des öffentlichen und privaten Sektors, im Zusammenhang mit den Vorbereitungen auf die Olympiade 2004, sowie durch sinkende Zinssätze nach dem WWU-Beitritt des Landes im vergangenen Jahr unterstützt wird,

- für den Zeitraum 2002-2004 ein reales BIP-Wachstum von durchschnittlich 4%, statt 5% im Stabilitätsprogramm, erwartet wird.[3]

Auch im aktualisierten Stabilitätsprogramm erscheinen die kurz- und mittelfristigen Aussichten für die griechische Volkswirtschaft günstiger als in anderen EU-Ländern. Für den Vorausschätzungszeitraum 2002 bis 2004 ist von einem robusten, selbstragenden Wachstum sowie weiteren Fortschritten beim Haushaltsüberschuss und der Gesamtverschuldung des Staates ausgegangen worden.

Es wird auch eine Übereinstimmung zwischen den Prognosen der Europäischen Kommission, der OECD und des IWF auf der einen und denen des griechischen Wirtschafts- und Finanzministeriums auf der anderen Seite konstatiert.[4] Besagte Organisationen veranschlagten in ihren Herbstprognosen 2001 eine Verlangsamung des durchschnittlichen BIP-Wachstums in der Eurozone von 1,6% auf

1 Vgl. The 2001 Update ..., a.a.O., S. 20.
2 Vgl. Stellungnahme des Rates zum aktualisierten Stabilitätsprogramm Griechenlands ..., a.a.O., S. 1.
3 Vgl.: Commission assesses the 2001 update of the stability programme of Greece (2001-2004), S. 1, in Press Releases, DN: IP/02/163, Date: 30/01/2002
4 Vgl. The 2001 Update ..., a.a.O., S. 10.

1,3% (Durchschnitt der drei Organisationen), während das durchschnittlich geschätzte BIP-Wachstum für Griechenland bei 3,5% liegt.[1]

Was die inländischen ökonomischen Aktivitäten betrifft, so sind die Annahmen, die diesen Vorausschätzungen zugrunde liegen, recht vorsichtig, wobei die Investitionen weiterhin die Antriebskraft der Wirtschaft bilden. Im Hinblick auf den Auslandssektor wird davon ausgegangen, dass die Märkte sich so entwickeln, wie die Kommission und andere internationale Organisationen in ihren Projektionen vorhergesagt haben. Zwei Grundannahmen scheinen in diesem Zusammenhang besonders wichtig: Der Preis des für die griechische Wirtschaft besonders wichtigen Importöls wird in den kommenden Jahren mit rund 23,5 US-Dollar pro Tonne (barrel) veranschlagt, während für die Entwicklung des Euro unterstellt wird, dass er sich gegenüber dem US-Dollar zwar erholt, aber unterhalb der Parität bleibt. Es leuchtet jedoch ein, dass sämtliche Prognosen sich nach den Ereignissen des 11. September besonders schwierig gestalten.[2]

Im aktualisierten Stabilitätsprogramm werden für die Jahre 2003-2004 Wachstumsraten des realen BIP projektiert, die niedriger liegen als die im Stabilitätsprogramm 2000. Diese Abweichung ist auf folgende Faktoren zurückzuführen:

- Die Verlangsamung der Wachstumsrate des privaten Konsums heimischer Produkte.

- Die niedrigeren Wachstumsraten für Investitionen.

- Die Verschlechterung der Leistungsbilanz aufgrund von erwarteten Exporteinbußen und dem erwarteten Verharren der Nachfrage nach bestimmten Importgütern auf hohem Niveau. Während der Exportrückgang durch die internationale Konjunkturflaute bedingt ist, handelt es sich bei den auf hohem Niveau verharrenden Importen vorwiegend um Güter der technologischen Ausrüstung, die wichtig für die bereits in Gang befindliche intensive Investitionstätigkeit in Griechenland sind.

Die künftige Entwicklung einer für die griechische Volkswirtschaft sehr wichtigen Branche, des Tourismus, ist besonders schwierig vorherzusagen. Dies hängt mit der bereits erwähnten schlechten Weltkonjunktur, aber auch mit dem Kampf

---

1 Vgl. Aktuelle Entwicklungen und Perspektiven ..., a.a.O., S. 7.
2 Vgl. The 2001 Update ..., a.a.O., S. 10.

gegen den internationalen Terrorismus und den ernsthaften Problemen der Fluggesellschaften zusammen.[1]

6.2. Preisentwicklung und Beschäftigung

Die Kommission geht in ihrer Herbstprognose 2001 für die Jahre 2002 und 2003 von einer Inflationsrate von ca. 3% aus. Diese Prognose stützt sich auf die Annahme eines langsameren Preisanstiegs bei den Importen von Rohstoffen und Öl. In den Jahren 2000 und 2001 wurde eine Verlangsamung des Reallohnanstiegs festgestellt. Der gebremste Anstieg der Reallöhne ist auf die restriktive Einkommenspolitik im öffentlichen Sektor sowie die moderaten Lohnerhöhungen im privaten Sektor zurückzuführen. Letztere sind das Resultat der im Mai 2000 erzielten Einigung der Tarifpartner.[2] Bis Ende 2001 ist in der Tarifvereinbarung kein Inflationsausgleich vorgesehen. Auf diese Weise haben sowohl der öffentliche als auch der private Sektor bis Ende 2001 dazu beigetragen, dass der Lohndruck und der Anstieg der Lohnstückkosten in Grenzen gehalten werden konnten.

Im Jahr 2002 soll jedoch eine Anpassung erfolgen, damit die Lohnerhöhung des Jahres 2001 um 1% über der durchschnittlichen Inflationsrate des gleichen Jahres liegt. In diesem Zusammenhang sind seit dem 1. Januar 2002 auch die Mindestlöhne um fast 1% angehoben worden. Dies ist ebenfalls auf die Tarifvereinbarung des Jahres 2000 zurückzuführen, die eine Inflationsausgleichsklausel enthält, wonach eine automatische Mindestlohnangleichung zum 1. Januar 2002 erfolgt, die gleich der Differenz zwischen der tatsächlichen und der angepeilten Inflationsrate des Jahres 2001 ist. Die diesbezügliche Inflationsrate wird gemessen durch den Deflator des Privaten Verbrauchs. Die angepeilte Inflationsrate des Jahres 2001 betrug nach dem Stabilitätsprogramm vom Dezember 2000 2,3%; tatsächlich sind nach dem aktualisierten Stabilitätsprogramm vom Dezember 2001 3,1% erreicht worden. Im Jahr 2002 soll im Privatsektor eine neue Tarifvereinbarung abgeschlossen werden.[3]

Durch das weiterhin starke BIP-Wachstum, die zinsinduzierte Kreditausweitung, die Lohnanpassungen und die neue Tarifvereinbarung im Jahr 2002 kann der Inflationsdruck in diesem Jahr und darüber hinaus anhalten. Darauf hat bereits

---

1 Vgl. The 2001 Update ..., a.a.O., S. 16, Punkt 4.1.
2 Vgl. Herbstprognose der Kommission, a.a.O., S. 23.
3 Vgl. The 2001 Update ..., a.a.O., S. 6 Table 2 und S. 11.

auch der Rat in seiner Stellungnahme zum Stabilitätsprogramm hingewiesen: *„Der Rat warnt, dass bei dem projizierten kräftigen BIP-Wachstum in Verbindung mit der Verbesserung der monetären Bedingungen die inflationären Spannungen anhalten könnten; nach Ansicht des Rates muss die Gefahr einer Überhitzung der Wirtschaft eingedämmt werden durch den Beitrag einer entschlossenen binnenwirtschaftlichen Politik, insbesondere durch Verfolgung eines straffen finanzpolitischen Kurses, der hauptsächlich auf einer Beschränkung der laufenden Ausgaben sowie moderaten Lohnerhöhungen beruht.“*[1]

In seiner Stellungnahme zum aktualisierten Stabilitätsprogramm weist der Rat darauf hin, dass die Preisentwicklung kurzfristig aufmerksam verfolgt werden sollte, insbesondere in Bezug auf die kommenden Lohnverhandlungen.[2] Die neue Tarifvereinbarung erzeugt natürlich auch Unsicherheit hinsichtlich der Entwicklung der Lohnstückkosten, vor allem im Jahr 2003,[3] obwohl das griechische Wirtschafts- und Finanzministerium in seiner Projektion von sinkenden Lohnstückkosten bis 2004 spricht und das trotz eines Reallohnanstiegs im gleichen Zeitraum zwischen 2,3% und 2,5% jährlich.[4]

Das Alternativszenario des aktualisierten Stabilitätsprogramms sieht für die Preisentwicklung im Zeitraum 2001-2004 eine Reduzierung des Deflators für den Privaten Verbrauch gegenüber dem Basisszenario um 0,2 Prozentpunkte vor (von 2,7% im Basisszenario auf 2,5% im Alternativszenario; diese Werte verstehen sich als Jahresdurchschnitte). Die Inflationsreduzierung im „pessimistischen“ Szenario lässt sich dadurch erklären, dass durch die Verringerung der Inlandsnachfrage auch der Inflationsdruck nachlässt.[5]

Die Projektion für die Beschäftigung in den Jahren 2002-2004 sieht eine Zunahme vor, die auf die hohen BIP-Wachstumsraten, die Investitionen und die Implementierung des „Nationalen Aktionsplans für Beschäftigung“[6] zurückgeführt werden kann. Die Arbeitslosenquote nimmt nach der aktuellen Projektion

---

1 Stellungnahme des Rates vom 12. Februar 2001 zum Stabilitätsprogramm Griechenlands für 2000-2004, a.a.O., S. 2.
2 Stellungnahme des Rates 2001.., a.a.O., S. 2.Vgl. Stellungnahme des Rates zum aktualisierten Stabilitätsprogramm Griechenlands ..., a.a.O., S. 1/2.
3 Vgl. Herbstprognose der Kommission, a.a.O., S. 23.
4 Vgl. The 2001 Update ..., a.a.O., S. 11 und Table 5.
5 Vgl. ebda, S. 20 und Table 11.
6 Siehe auch Punkt 5.3. dieser Arbeit, S. 129.

des Stabilitätsprogramms sukzessive ab, von 10,5% im Jahre 2002 auf 9,0% im Jahr 2004 (2003: 9,8%).[1] [2]

6.3. Aussichten in der Finanzpolitik

Die Finanzpolitik für die Jahre 2002-2004 soll nach dem Willen der griechischen Regierung umsichtig vorgehen und die gesetzten Ziele hinsichtlich Überschuss- und Schuldenquote mit Hilfe von Ausgabenkürzungen erreichen.

6.3.1. Finanzierungssaldo (Überschussquote)

Die Projektion des Basisszenarios sieht Einnahme- und Ausgabekürzungen vor, wobei letztere stärker ausfallen. So sollen die gesamtstaatlichen Einnahmen von 47,3% des BIP im Jahr 2001 auf 46,8% des BIP im Jahr 2004 zurückgeführt werden (Werte für 2002: 47,1% und 2003: 46,9%). Die Ausgaben des Gesamtstaates werden von 47,2% des BIP im Jahr 2001 auf 45,6% des BIP im Jahr 2004 veranschlagt (Werte für 2002: 46,3% und 2003: 45,9%).

Nachdem die Überschussquote des Jahres 2001 aus dem Stabilitätsprogramm vom Dezember 2000 von 0,5% auf 0,1% korrigiert werden musste, geht das aktualisierte Stabilitätsprogramm vom Dezember 2002 von einem Wert für 2002 von 0,8% und für 2003 und 2004 von 1,0% und 1,2% entsprechend aus.[3] Auch diese Werte fallen niedriger aus als die Projektionen des Stabilitätsprogramms.[4] Die sukzessive Steigerung der Überschussquoten im Vorausschätzungszeitraum soll durch die Reduzierung des Staatsverbrauchs und die geringeren Zinsausgaben für die Bedienung der Staatsschulden erreicht werden.

Während des gleichen Zeitraums geht der Primärüberschuss in % des BIP nach einer Periode immer höherer Wachstumsraten (1995-2001) allmählich zurück: von 6,6% im Jahr 2001 auf 6,0% im Jahr 2004 (Werte für 2002: 6,4% und 2003:

---

1 Vgl. The 2001 Update ..., a.a.O., S. 11/12 und Table 5.

2 Im Stabilitätsprogramm 2000 sollte der Deflator für den Privaten Verbrauch für den Zeitraum 2000-2004 im Jahresdurchschnitt um 2,3% und im Alternativszenario um 2,4% wachsen. Im einzelnen sollte der Deflator für den Privaten Verbrauch bis 2002 im Alternativszenario um 0,3 Prozentpunkte höher als im Basisszenario und für die beiden letzten Jahren des Vorausschätzungszeitraums 2003 und 2004 gleich wie im Basisszenario sein. Vgl. The 2000 Stability..., a.a.O., Table 13, S. 24 und S. 25.

3 Vgl. The 2001 Update ..., a.a.O., S. 12 und Table 6, S. 3.

4 So sollte z. B. die Überschussquote des Jahres 2004 2,0% betragen, vgl. The 2000 Stability..., a.a.O., S. 14, Table 10.

6,2%), bleibt aber mit einem Durchschnittswert von 6,4% für den Zeitraum 2001-2004 noch auf hohem Niveau. (Der entsprechende Wert des Vorgängerprogramms für diesen Zeitraum lag bei 7,1%.) Um das berechtigte Argument, die Zielprojektion des Stabilitätsprogramms von 7,1% könnte, in Anbetracht der hohen Staatsverschuldung, durch weitere Ausgabenkürzungen aufrechterhalten bleiben, zu entkräften, führt das griechische Wirtschafts- und Finanzministerium drei Erklärungsgründe an:[1]

- den Bedarf des Landes an Infrastrukturinvestitionen,
- die erforderlichen Ergänzungsinvestitionen zur Absorption von Gemeinschaftsmitteln und
- die für ein EU-Land außergewöhnlich hohen Verteidigungsausgaben.

Kommission und Rat weisen dem aktualisierten Stabilitätsprogramm keine weitere Haushaltskonsolidierung zu, da die in den Jahren 2002-2004 ansteigende Überschussquote fast ausschließlich sinkenden Zinszahlungen zu verdanken ist, während die laufenden Primärausgaben nicht beschnitten werden.[2] Insofern weist die Haushaltskonsolidierungsstrategie, wie sie im Stabilitätsprogramm formuliert wurde, Mängel auf. Kommission und Rat hatten seinerzeit diese Strategie, die den Schwerpunkt auf hohe Primärüberschüsse legte, begrüßt, da sie zum einen unerlässlich für eine rasche Rückführung der übermäßig hohen Staatsverschuldung an den Referenzwert sei und zum anderen geeignet sei, auf die Herausforderungen der Zukunft, vor allem im Hinblick auf die durch Bevölkerungsalterung entstehende Haushaltsbelastung, vorzubereiten. Sie weisen allerdings auch darauf hin, dass durch die niedrigeren Zinssätze und den rückläufigen Schuldenstand die Zinszahlungen im Verhältnis zum BIP erheblich kleiner werden.[3]

In seiner Stellungnahme vom 22. März 2001 zum Stabilitätsprogramm Griechenlands für 2000-2004 empfiehlt der Rat den griechischen Behörden, in die Haushaltskonsolidierungsstrategie eine angemessene Kontrolle des Primärausgabenwachstums einzubauen, die durch klare und bindende Vorschriften

1 Vgl. The 2001 Update ..., a.a.O., S. 11 und Table 5, S. 12 und Table 6 sowie S. 18 und Table 10.

2 Vgl.: Commission assesses the 2001 update ..., a.a.O., S. 1 sowie Stellungnahme des Rates zum aktualisierten Stabilitätsprogramm Griechenlands ..., a.a.O., S. 1.

3 Vgl. Stellungnahme des Rates vom 12. Februar 2001 ..., a.a.O., S. 2.

gekennzeichnet sein solle, mit dem Ziel, die Ausgabenquote zu verringern.[1]

Da bei der Projektion des Jahres 2001, dokumentiert durch das aktualisierte Stabilitätsprogramm, offensichtlich weder die Empfehlung des Rates nach Kürzung der laufenden Primärausgaben und Festlegung klarer und bindender Vorschriften noch die wirtschaftspolitischen Leitlinien dieses Jahres beachtet wurden, fordert der Rat in seiner letzten Stellungnahme nach Prüfung des fortgeschriebenen (aktualisierten) Stabilitätsprogramms für 2001-2004 am 12. Februar 2002 die griechischen Behörden nachdrücklich auf, *„unverzüglich eine klare bindende Norm für die laufenden Primärausgaben festzulegen, wie er es in seiner Stellungnahme zum Stabilitätsprogramm 2000 empfohlen hatte.“*[2]

Nichtsdestotrotz erfüllt das aktualisierte Stabilitätsprogramm für 2001-2004, wie übrigens auch das Stabilitätsprogramm 2000-2004, die Anforderungen des Stabilitäts- und Wachstumspakts an einen nahezu ausgeglichenen bzw. einen Überschuss aufweisenden Haushalt, da im gesamten Programmzeitraum 2001-2004 Überschüsse projektiert wurden und auch die konjunkturbereinigten Haushaltsprojektionen Überschüsse aufweisen.[3]

Die Überschussquote des Alternativszenarios für den Zeitraum 2002-2004 ändert sich nicht gegenüber dem Basisszenario. Dies wird damit begründet, dass die Rückführung der öffentlichen Schuld besonders dringend sei. Aufgrund des geringeren BIP-Wachstums im Alternativszenario (3,3% im Jahresdurchschnitt für 2001-2004 statt 3,9% im Basisszenario) erfolgt die Steuerung hin zur unveränderten Überschussquote bei gleichbleibender Einnahmenquote über Investitions- und laufende Ausgaben.[4] [5]

---

1 Vgl. Stellungnahme des Rates vom 12. Februar 2001 ..., a.a.O., S. 2.

2 Stellungnahme des Rates zum aktualisierten Stabilitätsprogramm Griechenlands ..., a.a.O., S. 1.

3 Vgl. ebda sowie Commission assesses the 2001 update ..., a.a.O., S. 2.

4 Vgl. The 2001 Update ..., a.a.O., S. 21 und Table 11.

5 Eine Analogie besteht zum Stabilitätsprogramm 2000-2004. Hier liegen jedoch die Staatseinnahmen für die Zeit 2001-2004 ca. 1,4% unter und die Sozialausgaben für die Zeit 2002-2004 ca. 0,3% über dem Basisszenario. Veränderungen der Haushaltslage sollen aber, so wie im aktualisierten Stabilitätsprogramm, im Hinblick auf den im Basisprogramm projizierten Finanzierungssaldo in % des BIP (Defizit- bzw. Überschussquote), der Zielcharakter hat, neutral bleiben. Diese Umschichtung kann im Stabilitätsprogramm nur durch Einsparungen bei den Investitionsausgaben erreicht werden (d.h., die jährlichen Investitionsausgaben des Gesamtstaates sollen im Alternativprogramm ca. 95% der jährlichen Investitionsausgaben des Gesamtstaates im Basisprogramm ausmachen, vgl. The 2000 Stability..., a.a.O., S. 25.

6.3.2. Schuldenquote

Die Schuldenquote des Jahres 2001 aus dem Stabilitätsprogramm vom Dezember 2000 musste von 98,9% auf 99,6% korrigiert werden. Für den Zeitraum 2002-2004 geht das aktualisierte Stabilitätsprogramm vom Dezember 2002 von einem Wert für 2002 von 97,8% und für 2003 und 2004 von 94,4% und 90,0% entsprechend aus.[1] Auch diese Werte fallen höher aus als die Projektionen des Stabilitätsprogramms.[2] Vor allem in den zwei letzten Jahren des Vorausschätzungszeitraums fällt die Schuldenquote langsamer als im Stabilitätsprogramm projektiert. Liegt die Abweichung zwischen Grundversion und aktualisierter Version im Jahr 2002 noch bei 1,3 Prozentpunkten, so erhöht sich diese im Jahr 2003 auf 3,9 Prozentpunkte und in 2004 sogar auf 6,0 Prozentpunkte. Diese Abweichung wird hauptsächlich dadurch erklärt, dass Wachstumsraten und Niveau des BIP sowie Haushaltsüberschuss in der aktualisierten Version des Stabilitätsprogramms kleiner ausfallen als in der Grundversion. Auf diese Weise reduziert sich die Schuldenquote zwischen 2000 und 2004 um 12,7 Prozentpunkte (von 102,7% auf 90,0%) und nicht um 19,9% (von 103,9% auf 84,0%). Die Nähe des Referenzwertes des Maastrichter Kriteriums von 60% soll jedoch die Schuldenquote, nach der mittelfristigen Projektion, nach wie vor im Jahr 2010 erreichen.[3]

Kommission und Rat drängen die Griechen, die öffentliche Verschuldung schneller zurückzuführen als in der aktualisierten Version des Stabilitätsprogramms veranschlagt. Vor allem erachten sie den projektierten Schuldenabbau als viel zu langsam, verglichen mit dem erwarteten BIP-Wachstum und dem projektierten Primärüberschuss. Als notwendige Voraussetzung für den Schuldenabbau werden von Kommission und Rat hohe Primärüberschüsse, von mehr als 6% des BIP, gefordert. Sie bedauern das allmähliche Zurückgehen der projektierten Primärüberschüsse im aktualisierten Stabilitätsprogramm von 6,4% im Jahr 2002 auf 6,0% 2004 und fordern die griechische Seite auf, falls erforderlich, weitere Anstrengungen zur Konsolidierung des Haushalts zu unternehmen.

In diesem Zusammenhang werden die griechischen Behörden ersucht, bei künftigen Aktualisierungen des Stabilitätsprogramms mehr Transparenz walten zu lassen, da die Entwicklung der Staatsschuld von Finanztransaktionen beeinflusst wird, über die keine Informationen vorliegen und die auch im Haushalt nur

---

1 Vgl. The 2001 Update ..., a.a.O., Punkt 2.2 und Table 5.
2 So sollte z. B. die Schuldenquote des Jahres 2004 84,0% betragen; vgl. The 2000 Stability..., a.a.O., S. 11, Table 9.
3 Vgl. The 2001 Update ..., a.a.O., S. 12, Table 7.

teilweise ausgewiesen wurden. Dadurch werde die Qualität der Haushaltskonsolidierung in Zweifel gezogen.[1]

Die Schuldenquote des Alternativszenarios für den Zeitraum 2002-2004 ist höher gegenüber dem Basisszenario, da Wachstumsraten und Niveau des BIP sowie Haushaltsüberschuss (nicht die Überschussquote, diese bleibt gleich) im Alternativszenario geringer ausfallen als im Basisszenario.[2]

1 Vgl.: Commission assesses the 2001 update ..., a.a.O., S. 2 sowie Stellungnahme des Rates zum aktualisierten Stabilitätsprogramm Griechenlands ..., a.a.O., S. 1 und S. 2.

2 Vgl. The 2001 Update ..., a.a.O., S. 21, Table 11. Im Stabilitätsprogramm 2000 reduziert sich die Schuldenquote bei der Alternativversion (von 99,5% im Jahr 2001 auf 86,5% im Jahr 2004), aufgrund des geringeren BIP-Wachstums, weniger als bei der Basisversion (98,9% im Jahr 2001 auf 84,0% im Jahr 2004), bei gleichbleibender Gesamtverschuldung zwischen Basis- und Alternativszenario; vgl. The 2000 Stability..., a.a.O., S. 25.

Tab.: Makroökonomische Indikatoren 2001-2004

	2001	2002	2003	2004
BIP-Zuwachs (real) in %	4,1	3,8	4,0	4,0
BIP-Deflator in %	3,2	3,0	3,0	3,0
Deflator des Privatverbrauchs	3,6	2,8	2,7	2,8
Beschäftigung	0,8	0,8	1,3	1,5
Arbeitsproduktivität	3,3	3,0	2,7	2,5
Überschussquote	0,1	0,8	1,0	1,2
Primärüberschuss	6,6	6,4	6,2	6,0
Schuldenquote	99,6	97,3	94,4	90,0
Arbeitslosenquote	10,9	10,5	9,8	9,0

Quelle: The 2001 Update..., a.a.O., zusammengestellt aus verschiedenen Tabellen.

6.4. Strukturreformen

Das reibungslose Funktionieren von Güter- und Dienstleistungsmärkten auf der einen und Faktormärkten, im Sinne von Kapital- und Arbeitsmärkten, auf der anderen Seite ist eine Forderung, die u.a. den Erfolg einer makroökonomischen Wirtschaftspolitik ausmacht. Aus diesem Grund hat die griechische Regierung eine Reihe von Strukturreformen bereits in die Wege geleitet und andere für die nächsten Jahre geplant.

6.4.1. Strukturreformen auf den Güter- und Dienstleistungsmärkten

6.4.1.1. Privatisierungsmaßnahmen

6.4.1.1.1. Maßnahmen aus dem Privatisierungsprogramm 2000-2001

Im Stabilitätsprogramm 2000-2004 des griechischen Wirtschafts- und Finanzministeriums werden die Staatsbetriebe genannt, die zu Privatisierungszwecken bestimmt sind. In nachfolgender Tabelle wird das diesbezügliche Privatisierungsprogramm 2000-2001 präsentiert, mit den Namen der zu privatisierenden Staatsunternehmen, dem prozentualen Anteil der (fürs erste) zur Privatisierung freigegeben wird sowie die Art der Privatisierung. Es handelt sich dabei um Banken mit staatlicher Mehrheit und öffentliche Betriebe.

Tabelle: Privatisierungsprogramm 2000-2001

Staatsunternehmen	%-Anteil zur Privatisierung	Art der Privatisierung
Agrarbank (ATE)	20-25% [1]	Aktienerstemission
Hafengesellschaft Thessaloniki (OLTH)	20-25% [2]	Aktienerstemission
Hafenorganisation Piräus (OLP)	20-25%	Bildung einer Hafenverwaltung
Fußballtotogesellschaft (OPAP)	10-20%	Aktienerstemission
ETBA-Bank (Hellenic Industrial Bank)	Noch zusätzlich mindestens 26%	Strategischer Partner
Elektrizitätsgesellschaft (DEH)	Noch zu bestimmen	Aktienemission
Wasser und Kanalisationsgesellschaft Thessaloniki	20-25%	Zerschlagen in zwei Teile: Grundstücke und Werksanlagen und Betriebsleitung /Lizenzvertrag / Privatisierung des Dienstleistungsbereichs über die Börse
Post (ELTA)	15-25%	Suchen einer strategischen Allianz, um den Express-Postzustellungsdienst zu entwickeln
Kanal von Korinth	Konzessionsvertrag	Konzessionsvertrag
Messe von Thessaloniki (HELEXPO)	30% und Leitung	Strategischer Partner
Hellenic Petroleum (Hellpe)	Noch zu bestimmen	Strategische Allianz
OTE	15-20%	Strategische Allianz
Olympic Airways	65%	Strategischer Investor

Quelle: The 2000 Stability.., a.a.O., S. 18,Table 12.

1 Der Staatsanteil soll nach Angaben des griechischen Wirtschafts- und Finanzministeriums von gegenwärtig 85% auf bis zu 35% reduziert werden; vgl. AZ, Jg. 10, Nr. 396 v. 14.12.2001, S. 20/6 „Agrarbank-Privatisierung zu 35%".

2 Vgl. auch AZ, Jg. 10, Nr. 377 v. 27.7.2001, S. 10/2 „Zeichnung für OLTH beginnt am 27. Juli".

6.4.1.1.2. In 2001 bereits erfolgte Privatisierungsmaßnahmen

Die in 2001 erfolgten (Teil)Privatisierungen sind der nachfolgenden Tabelle zu entnehmen:

Tabelle: Privatisierungsmaßnahmen 2001

Staatsunternehmen	Verkaufte Anteile in %	Art der Privatisierung	Monat, in dem die Privatisierungsmaßnahme abgeschlossen wurde	Privatisierungserlös (in Mio €)
Fußballtotogesellschaft (OPAP)	5,4%	Börsenauflistung	April 2001	88,04
Kanal von Korinth [1]	100,0%	Konzessionsvertrag	Mai 2001	29,35
OTE (Telekommunikationsmonopolist)	Weitere 10,0%	Staatsanteil bis auf 1/3 reduzierbar[2]	Juni 2001	997,80
Hafengesellschaft Thessaloniki (OLTH)	25,0%	Aktienerstemission	Juli 2001	16,14
Wasser und Kanalisationsgesellschaft Thessaloniki	25,5%	Aktienerstemission	August 2001	15,55
ETBA-Bank (Hellenic Industrial Bank)	k.A.	Fusion	Oktober 2001	k.A.
Skaramagas-Werft	51,0%	Verkauf	Oktober 2001	k.A.

Die in 2001 erfolgten Privatisierungen haben, einschließlich der Emission von Privatisierungszertifikaten, einen Erlös von mehr als 3,2 Mrd. € erzielt.

1 Der Kanal von Korinth wurde von der britischen Betreiberfirma Sea Container Services Ltd. für 30 Jahre übernommen. (Vgl. AZ, Jg. 10, Nr. 362 v. 6.4.2001, S. 10/2 „Briten übernehmen Korinth-Kanal").

2 Vgl. AZ, Jg. 10, Nr. 391 v. 9.11.2001, S. 11/3 „OTE erhält neuen Auftrieb".

6.4.1.2. Sonstige Strukturreformen

6.4.1.2.1. Im Jahr 2001 vollzogene Strukturreformen

Um Privatisierungen und Liberalisierungen erfolgreich zu gestalten, ist auch ein entsprechender Regulierungsrahmen erforderlich. So wurde bereits im Oktober 2000, nach dem Inkrafttreten des Gesetzes 2837/2000, die Rolle der Regulierungsbehörde und des Wettbewerbsausschusses aufgewertet. Der (auch finanziell) unabhängige Ausschuss wurde ermächtigt, eigenverantwortlich Wettbewerbsangelegenheiten zu regeln und ist zuständig für das reibungslose Funktionieren des Wettbewerbs. Das Gesetz sieht ebenfalls vor, dass der Wettbewerbsausschuss auch mit anderen unabhängigen Regulierungsbehörden im Bereich der Telekommunikation und des Energiesektors zusammenarbeitet.

Auch die Rundfunk- und Fernsehindustrie wurde im Jahr 2001 umfassend reformiert.

Der Telekommunikationsbereich hat seit 2000 wichtige Fortschritte gemacht, wie z.B die Liberalisierung der Festnetz-Dienste, die Vergabe von UMTS-Lizenzen (UMTS: Universal Mobile Telephone Services) und ergänzenden CGM-Lizenzen (CGM: Computer Graphics Metafile, für Illustrationen und Visualisierungen). Der Verkaufserlös belief sich auf 484,5 Mio € (UMTS) und 162 Mio € (CGM).

Auf dem Energiesektor hat sich die griechische Regierung die Förderung des Wettbewerbs auf dem gesamten Energiemarkt als oberstes Ziel gesetzt. So wurde das staatliche Elektrizitätsmonopol offiziell am 19. Februar 2001 beendet, während der Gasmarkt noch folgen wird.

Durch die Liberalisierung des Telekommunikations- und Energiemarktes in Griechenland nimmt auch die Bedeutung der Nationalen Telekommunikations- und Postkommission (EETT) und der Regulierungsbehörde für Energie (RAE) ständig zu.

Die in 2001 realisierten Strukturreformen (außer Privatisierungsmaßnahmen) sind in nachfolgender Tabelle aufgeführt:

Tabelle: Realisierte Strukturreformen 2001 (außer Privatisierungsmaßnahmen)

Strukturreform	**Monat/Jahr der Realisierung**
Aufwertung der Rolle der Regulierungsbehörden und des Wettbewerbausschusses	Januar 2001
Vollständige Liberalisierung des Telekommunikationsmarktes	Januar 2001
Die Elektrizitätsgesellschaft (DEH) wird in Anbetracht der bevorstehenden Einführung der Aktie an der Athener Börse zur Aktiengesellschaft,[1]	Januar 2001
Liberalisierung des Elektrizitätssektors	Februar 2001
Aufwertung der Athener Börse	Mai 2001
Parlamentarisches Einbringen des Gesetzes betreffend die Aufhebung der Kabotage und die Liberalisierung von See-Transporten in Übereinstimmung mit der EU-Richtlinie	Juni 2001
Erlass über austauschbare Schuldverschreibungen und Lagerhaltung	Juni 2001
Gewährung von UMTS-Lizenzen	Juli 2001

6.4.1.2.2. Geplante Strukturreformen

Für 2002 ist die Liberalisierung der Seetransporte vorgesehen. Das entsprechende Gesetz ist bereits parlamentarisch eingebracht worden.

Ferner sind künftig folgende Strukturreformen geplant:

- Finanzverwaltung,
- Neustrukturierung des Steuersystems,
- Neue „Qualität" der Privatisierungspolitik,
- Liberalisierung der Märkte,

1 Der Börsengang der DEH an die Athener Börse erfolgte im Dezember 2001; vgl. AZ, Jg. 10, Nr. 396 v. 14.12.2001, S. 14/2, „DEH-Börsengang trotz Fehlstarts erfolgreich".

- Modernisierung der öffentlichen Verwaltung und eine

- Allgemeine Reform des öffentlichen Sektors.

Auf der Einnahmenseite ist es die Absicht der griechischen Regierung, die geplante Steuerreform im ersten Halbjahr 2002 zu vollenden. Die Reform zielt hauptsächlich auf:

- die Vereinfachung des besonders komplizierten gegenwärtigen Steuersystems und seine bessere Transparenz,

- eine gerechtere Verteilung der Steuerlasten,

- die Stärkung der Wettbewerbsfähigkeit griechischer Betriebe sowie

- einen weiteren Rückgang der Steuerhinterziehung.

Diese Steuerreform soll vor allem dazu beitragen, die Effizienz der griechischen Wirtschaft wesentlich zu erhöhen und die Steuereintreibungskosten der Finanzverwaltung zu senken.

In diesem Zusammenhang wurde auch ein kleines Steuerpaket geschnürt, das folgende Maßnahmen enthält:

1) Für alle Fusionen und Akquisitionen, die bis Ende 2004 erfolgen, wird der Körperschaftsteuersatz für das erste Jahr nach der Fusion um 10 und für das zweite Jahr um 5 Prozentpunkte reduziert.

2) Der nicht versteuerte Teil der Einkommen, die der Einkommensteuer unterliegen, wird für Arbeitslose auf 7.400 € und für Arbeitnehmer auf 8.400 € erhöht.

3) Die Stempelgebühr, die bisher auf Löhne und Gehälter im privaten Sektor erhoben und von Arbeitgebern und Arbeitnehmern entrichtet wurde, wird abgeschafft; dies gilt auch für alle anderen Bereiche, in denen sie angewandt wurde.

4) Ab dem 1. Januar 2002 soll der Zinsertrag aus Einlagen in Rediskontkrediten (Repos) mit einem Satz von 7% besteuert werden. Diese Maßnahme dient dazu, die bisherige ungleiche Behandlung von

Zinsen aus Bankeinlagen, die mit 15% besteuert werden, und dem Ertrag aus Repos, der steuerfrei ist, zu beseitigen.

5) Die Mineralölsteuer soll um 50% gesenkt werden.

6) Um den Markt für Risikokapital in Griechenland zu stärken, können Einkommen aus Investmentfonds, die in Risikokapitalgesellschaften investiert werden, mit Steuererleichterungen rechnen.

7) Betriebe, die im Jahr 2002 mehr Mitarbeiter als im Jahr 2001einstellen, können mit einer Ermäßigung des Körperschaftsteuersatzes von bis zu 2,5 Prozentpunkten rechnen (wird proportional errechnet).

Diese Maßnahmen des Steuerpakets dienen dazu,

- die Wettbewerbsfähigkeit griechischer Betriebe zu stärken,

- die bevorstehenden Tarifverhandlungen dadurch zu unterstützen, dass das verfügbare Einkommen der Lohnempfänger, insbesondere das der Bezieher niedriger Einkommen, erhöht wird.

Auf der Ausgabenseite plant die Regierung wichtige Reformen in den Bereichen Haushalts- und Ausgabenverwaltung sowohl auf der Ebene der Zentralregierung als auch auf der Ebene des erweiterten öffentlichen Sektors. Ferner ist die Einführung verbesserter Innenrevisionssysteme sowie Systeme quantifizierbarer Ziele und solche für Ausgabenvorausschätzungen geplant. Zu diesem Zweck ist auch ein größeres Projekt in Vorbereitung, dessen Implementierung zwar noch einige Zeit in Anspruch nehmen, aber dafür langanhaltende Auswirkungen auf das griechische Steuersystem haben wird. Auch im Bereich des Nationalen Gesundheitssystems (ESY) befindet sich ein größeres Projekt im Stadium der Implementierung; so werden Krankenhäuser unter fachliche Leitung gestellt und deren Buchaltungs- und Informationssysteme modernisiert. Auf dem Sektor der öffentlichen Verwaltung wird eine Verbesserung der Besoldung angestrebt und es werden Anreize geschaffen, um qualifizierte Bewerber für die Beamtenlaufbahn zu interessieren.

6.4.2. Strukturreformen auf dem Arbeitsmarkt

Die im Jahr 2000 ergriffenen Maßnahmen zum Abbau der (strukturellen) Arbeitslosigkeit sind teilweise dargestellt worden.[1] Sie beinhalten auf der Angebotsseite.

- (wie erwähnt [2]) die Abschaffung der Rentenbeiträge für Bezieher von Mindestlöhnen,

- Einkommensunterstützung für ehemalige Arbeitslose, wenn sie eine Teilzeitarbeit von mindestens 4 Stunden täglich aufnehmen.

und auf der Nachfrageseite:

- (wie erwähnt[3]) Ermäßigung der Arbeitgeberbeiträge zur Sozialversicherung um 2 Prozentpunkte für die Beschäftigung von Arbeitnehmern, die ca. 25% über dem Mindestlohn bezahlt werden.[4]

- Einkommenserhöhung für Teilzeitarbeitnehmer, die zum Mindestlohn weniger als 4 Stunden täglich arbeiten.

- Erhöhung der Überstundenbezahlung.

- Reduzierung der vom Arbeitgeber ansetzbaren Überstunden von 8 auf 3.

- Verringerung der wöchentlichen Arbeitszeit von 40 auf 38 Stunden, wenn eine Firma - mit Zustimmung der Arbeitnehmer - von der Jahresarbeitszeit Gebrauch machen will.

6.4.3. Reform der Sozialversicherung

Die Sozialversicherungsform in Griechenland hat oberste Priorität angesichts der längerfristig ungünstigen demographischen Entwicklung und der damit zusammenhängenden potentiellen Gefahren für die Wirtschaft des Landes.

---

1 Vgl. Punkt 5.3., S.129 dieser Arbeit.
2 Vgl. ebda.
3 Vgl. ebda.
4 Der Mindestlohn des Jahres 2000 betrug umgerechnet ca. 470 € monatlich.

Die Regierung hat bei der britischen Beraterfirma Government Actuaries eine gründliche Studie über das griechische System der sozialen Sicherung in Auftrag gegeben.

Die griechische Regierung hat im Zusammenhang mit der Planung einer Reform der Sozialsicherungs- und Rentesysteme einen Dialog zwischen den Sozialpartnern (Arbeitgeberverband, Gewerkschaften und Regierung) initiiert. Das Ergebnis dieser Verhandlungen wird richtungsweisend für Lösungen im Hinblick auf eine auf Dauer tragbare Finanzlage der öffentlichen Hand sowie das reale BIP-Wachstum sein. Nach mehrmaligem Anlauf im vergangenen Jahr ist es bis heute nicht gelungen, einen Konsens zwischen den Sozialpartnern zu finden. Der Widerstand kommt von den Gewerkschaften, die in Griechenland eine besonders starke Stellung einnehmen, und von der Opposition.[1] [2]

6.4.4. Empfehlung der Kommission und Stellungnahme des Rats zu den Strukturreformen des (aktualisierten) Stabilitätsprogramms

Im Hinblick auf die Rentenreform fordert die Kommission die griechische Regierung auf, im Jahr 2002 die erforderlichen Reformen des staatlichen Rentensystems einzuleiten, da im vergangenen Jahr diesbezüglich keine Fortschritte gemacht wurden. Die Beschleunigung der Rentenreform hat für die Kommission oberste Priorität, da Verzögerungen aufgrund der ungünstigen demographischen Entwicklung in Griechenland schwere Haushaltsungleichgewichte hervorrufen können.

Der hohe Stellenwert, den die griechische Regierung im aktualisierten Stabilitätsprogramm den Strukturreformen einräumt, wird von der Kommission begrüßt und festgestellt, „entschlossene Reformen sind unverzichtbar, um die Markteffizienz und die Wettbewerbsfähigkeit der Wirtschaft zu stärken.“[3] Der Rat streicht ebenfalls die zentrale Bedeutung der Strukturreformen im aktualisierten Stabilitätsprogramm heraus, räumt ein, dass in diesem Bereich in den letzten Jahren große Fortschritte gemacht worden sind und ermuntert die griechische Regierung, auf den Güter-, Dienstleistungs- und Arbeitsmärkten weitere Strukturreformen durchzuführen, um die Märkte leistungsfähiger und die Wirt-

---

1 Im Herbst 2002 finden in Griechenland Kommunalwahlen statt und die Rentenreform ist zum Wahlkampfthema geworden.

2 Vgl. AZ, Jg. 11, Nr. 410, v. 29. 3. 2002, S. 1/2 „Die Rentenreform kommt ins Stocken“ und S. 9/1 „ Dialog zur Rentenreform am Scheideweg“.

3 Commission assesses the 2001 update …, a.a.O., S. 2., vgl. auch The 2001 Update ..., a.a.O., S. 25.

schaft wettbewerbsfähiger zu machen. Besonders die Reform des öffentlichen Rentensystems hält er weiterhin für dringend erforderlich - aufgrund der, auch von der Kommission festgestellten, ungünstigen demographischen Entwicklung in Griechenland und ihrer Folgen. So wie die Kommission, hält auch der Rat fest, dass im vergangenen Jahr keine Fortschritte hinsichtlich der Rentenreform gemacht wurden.[1] [2]

Der Rat begrüßt ebenfalls die im aktualisierten Stabilitätsprogramm geplanten Reformen in den Bereichen Haushalts- und Ausgabenverwaltung des öffentlichen Sektors sowie die Informationen im Hinblick auf die Tragfähigkeit der öffentlichen Finanzen.[3]

---

1 Vgl. Stellungnahme des Rates zum aktualisierten Stabilitätsprogramm Griechenlands ..., a.a.O., S. 2.

2 Bereits im März 2001 hat der Rat in seiner Stellungnahme zum Stabilitätsprogramm 2000-2004 die Absicht der griechischen Regierung begrüßt, das Sozialversicherungssystem reformieren zu wollen; vgl. Stellungnahme des Rates vom 12. Februar 2001 zum Stabilitätsprogramm Griechenlands für 2000-2004, a.a.O., S. 2. Der Rat hat die griechische Regierung sogar aufgefordert, „ihr besonderes Augenmerk darauf zu richten, dass das Rentensystem reformiert werden muss."

3 Vgl. Stellungnahme des Rates zum aktualisierten Stabilitätsprogramm Griechenlands ..., a.a.O., S. 2.

7. Fazit

Nach der vollzogenen nominalen Konvergenz und der Einführung des Euro am 1. Januar 2001 in Griechenland geht es nunmehr darum, die reale Konvergenz zu erreichen.

Zur Zeit liegt der Lebensstandard in Griechenland bei 70% des EU-Durchschnitts. Das griechische Wirtschafts- und Finanzministerium schätzt, dass ca. 5 Jahre koordinierter Anstrengungen an mehreren Fronten der Wirtschaftspolitik erforderlich sind, um den Lebensstandard der Griechen auf das Niveau Spaniens von 85% des EU-Durchschnitts zu heben.

Das Erreichen des Ziels der realen Konvergenz braucht Zeit und impliziert, dass das Wachstum des realen BIP in den kommenden Jahren bei Erhaltung der Preisstabilität auf hohem Niveau verbleibt. Die Verfolgung des Doppelziels BIP-Wachstum und Preisniveaustabilität birgt Gefahren in sich und die griechischen Behörden sollten bei dem überdurchschnittlich hohen Wachstum innerhalb der EU in den nächsten Jahren besonders darauf achten, dass die Inflation zumindest im EU-Durchschnitt bleibt. Zur Zeit weist sie innerhalb der EU stark überdurchschnittliche Werte auf und erweist keinen guten Dienst u.a. auch im Hinblick auf die bevorstehenden Lohnverhandlungen zwischen den Tarifpartnern. Sowohl der Währungsrat der Bank von Griechenland als auch der IWF sehen jedoch für die kommenden drei Jahre ein Abflachen des BIP-Wachstums voraus. Der IWF beziffert die BIP-Wachstumsrate für die griechische Wirtschaft auf 3% für die kommenden drei Jahre und auf 2,9% bis 2007. Im Hinblick auf das Jahr 2001 haben folgende Ereignisse und Maßnahmen für Wachstumsimpulse gesorgt: Die Euroeinführung und die dadurch induzierte Zinssenkung, die de facto Drachmenabwertung gegenüber dem Euro nach dem Realignment sowie die Abwertung des Euro gegenüber dem US$. Der IWF schätzt den gesamten zusätzlichen Wachstumsschub dieser Ereignisse und Maßnahmen auf ca. 1,5%, warnt aber gleichzeitig auch davor, dass ohne die erforderlichen Strukturreformen dieses zusätzliche Wachstum auf Dauer nicht aufrechterhalten werden kann.

Die Einführung des Euro als Zahlungsmittel am 1. Januar 2002 hat in Griechenland auch das starke Lohngefälle zwischen dem Land und der EU transparent gemacht. Eine sukzessive Lohnangleichung wird nur auf dem Weg zur Erreichung der realen Konvergenz möglich sein. Die Hebung des Lebensstandards der Griechen auf den EU-Durchschnitt setzt voraus, dass die verfügbaren Realeinkommen in Griechenland überdurchschnittlich im EU-Maßstab steigen. Auf nationaler Ebene sollte jedoch bei den Lohnverhandlungen unbedingt auf den erwarteten Anstieg der Arbeitsproduktivität geachtet werden.

Die Verbesserung der Realeinkommen sollte neben der Bekämpfung der Arbeitslosigkeit (zweithöchste in der EU) und den dringend erforderlichen Strukturreformen, vor allem Renten- und Steuerreform, Vorrang für die Wirtschaftspolitik haben. Oberste Priorität hat auch die Stärkung der Wettbewerbsfähigkeit und Anreize, die dazu dienen, sind zu begrüßen. Die Privatisierungsmaßnahmen sollten fortgesetzt und forciert werden: Während die Privatisierungserlöse Finanzierungssaldo und Schuldenquote, sofern ein Teil der Privatisierungserlöse zur Tilgung öffentlicher Schulden verwendet wird,[1] positiv beeinflussen, sorgen die Privatisierungsmaßnahmen selbst für die Stärkung des Wettbewerbs.

Die Schuldenquote ist zwar rückläufig, bleibt aber auf hohem Niveau. Die griechischen Behörden gehen davon aus, dass der Referenzwert von 60% in 2010 erreicht sein wird. Ab diesem Jahr ist auch mit einer erheblichen Alterung der Bevölkerung zu rechnen, die eine Reform der sozialen Sicherungssysteme in Griechenland, vor allem im Zusammenhang mit der hohen Schuldenquote, dringend erforderlich macht. Ob eine genaue, zielgerichtete Steuerung der makroökonomischen Aggregate machbar ist, bleibt dahingestellt. Es ist besser rechtzeitig für Sicherheitsmargen zu sorgen, um nationalen und internationalen Unwägbarkeiten vorzubeugen. Daher sollte die griechische Regierung die derzeit günstige Konjunkturlage nutzen und umgehend mit der Rentenreform beginnen, ohne die anderen, ebenfalls wichtigen, Strukturreformen zu verzögern. Im Hinblick auf die Schuldenquote selbst, weiterhin die dritthöchste innerhalb der EU, sollten die Haushaltsüberschüsse sukzessive größer werden, aber nicht nur auf Kosten der ohnehin zurückgehenden Zinszahlungen. Daher sollten die laufenden Primärausgaben gekürzt werden und die griechischen Behörden sollten, wie der Rat auch fordert, unverzüglich eine Norm für diese Ausgaben festlegen, die klar und bindend ist. Der gesamtstaatliche Primärüberschuss sollte zumindest auf dem Niveau von über 6% des BIP bleiben, aber

1 Die griechische Regierung geht davon aus, dass die immer größer werdende Überschussquote zusammen mit der Fortsetzung des Privatisierungsprogramms dazu beitragen werden, die Schuldenquote 2004 auf 90% zu reduzieren. Vgl. The 2001 Update ..., a.a.O., S. 11, Table 5.

nicht rückläufig werden. Die Transparenz der Finanztransaktionen im Zusammenhang mit dem Schuldenabbau sollte bei künftigen Aktualisierungen des Stabilitätsprogramms verbessert werden, damit Kommission, Rat und Außenstehende richtige Schlüsse über den Verlauf des Schuldenabbaus ziehen können.

8. Anhang

8.1. Anhang I: Statistische Methodologie zu den Konvergenzindikatoren

Dieser Anhang gibt Auskunft über die statistischen Methoden der Konvergenzindikatoren und den Fortschritt, der bei der Harmonisierung dieser Statistiken gemacht wurde.

Verbraucherpreise

Das Protokoll Nr.21 über die Konvergenzkriterien nach Artikel 121 des Vertrags zur Gründung der Europäischen Gemeinschaft (EG-Vertrag) verlangt, dass die Konvergenz der Preisentwicklung anhand des Verbraucherpreisindex auf vergleichbarer Grundlage unter Berücksichtigung der unterschiedlichen Definitionen in den einzelnen Mitgliedstaaten gemessen werden soll. Obwohl die gegenwärtigen Verbraucherpreisstatistiken in den Mitgliedstaaten im Großen und Ganzen auf ähnlichen Grundlagen beruhen, gibt es erhebliche Unterschiede im Detail, die die Vergleichbarkeit der nationalen Ergebnisse beeinträchtigen.

Die konzeptionelle Arbeit zur Harmonisierung der Verbraucherpreisindizes wird von der Europäischen Kommission (Eurostat) in enger Zusammenarbeit mit den nationalen statistischen Ämtern durchgeführt. Als ein Hauptnutzer ist die EZB, wie zuvor das EWI, in starkem Maße in diese Arbeit einbezogen. Im Oktober 1995 erließ der EU-Rat eine Verordnung über Harmonisierte Verbraucherpreisindizes (HVPIs), die als Rahmen für weitere detaillierte Harmonisierungsmaßnahmen dient.

Die ersten HVPIs wurden 1997 von Eurostat veröffentlicht. Die für die HVPIs eingeführten Harmonisierungsmaßnahmen basieren auf mehreren Verordnungen der Europäischen Kommission und des EU-Rats. Die HVPIs verwenden eine einheitliche Abgrenzung bezüglich der erfassten Güter, des geographischen Gebiets und der Bevölkerung (alle drei Punkte stellen wichtige Gründe für die Unterschiede zwischen nationalen Verbraucherpreisindizes dar). Weitere gemeinsame Standards wurden in verschiedenen Bereichen geschaffen, so etwa bei der Behandlung von neuen Waren und Dienstleistungen. Einige dieser gemeinsamen Regeln sind Mindeststandards und dürften in den kommenden Jahrennoch weiter ausgearbeitet werden.

Gemäß zwei im Juli 1998 erlassenen Verordnungen des EU-Rats wurde der Erfassungsbereich der HVPIs mit Wirkung vom Januar 2000 in allen Mitgliedstaaten noch stärker erweitert und harmonisiert. Die von Januar bis März 2000 verzeichneten Teuerungsraten gegenüber dem Vorjahr geben diese Änderung nur teilweise wieder, da der Erfassungsbereich im Januar 2000 erweitert wurde und für 1999 sowie frühere Zeiträume im Allgemeinen keine Aktualisierungen erfolgten.

Der HVPI für Griechenland wurde für 1999 ebenfalls revidiert, um eine aktuellere Ausgabengewichtung in Bezug auf 1998 und den gesamten inländischen Verbrauch wiederzugeben. Die Revision des Gewichtungsschemas im Jahr 1999 führte dazu, dass die jährliche Inflationsrate 1999 gegenüber 1998 um 0,2 Prozentpunkte sank.

HVPIs werden in diesem Bericht zur Beurteilung der Verbraucherpreiskonvergenz verwendet. Überdies stellt der HVPI, der das gesamte Euro-Währungsgebiet erfasst, seit Januar 1999 für die einheitliche Geldpolitik der EZB die wichtigste Messzahl für die Verbraucherpreise dar.

Öffentliche Finanzen

Im Protokoll Nr.20 über das Verfahren bei einem übermäßigen Defizit im Anhang des EG-Vertrags und in der EU-Ratsverordnung vom November 1993 (in der Fassung vom Februar 2000) werden die Begriffe „öffentlich", „Überschuss/Defizit", „Zinsausgaben", „Investitionen", „Verschuldung" und „Bruttoinlandsprodukt (BIP)" unter Bezugnahme auf das Europäische System der Volkswirtschaftlichen Gesamtrechnungen (ESVG) definiert.

Während die 2. Auflage des ESVG als statistischer Maßstab für den ersten Konvergenzbericht diente, liegt dem Verfahren bei einem übermäßigen Defizit ab dem Jahr 2000 gemäß einer Ratsverordnung das neue Europäische System der Volkswirtschaftlichen Gesamtrechnungen 1995 (ESVG 95) zu Grunde. Das ESVG 95 stimmt mit anderen internationalen Standards wie etwa den Leitlinien für die Volkswirtschaftlichen Gesamtrechnungen, dem „System of National Accounts" (SNA 93), überein.

Der Begriff „öffentlich" umfasst den Zentralstaat (Zentralregierung), die Länder (in Mitgliedstaaten mit einer föderalen Struktur), regionale und lokale

Gebietskörperschaften und die Sozialversicherungseinrichtungen. Nicht enthalten sind dagegen öffentliche Unternehmen, weshalb diese Abgrenzung von einem weiter gefassten öffentlichen Sektor zu unterscheiden ist.

Unter „öffentlicher Überschuss/öffentliches Defizit" versteht man den Finanzierungsüberschuss bzw. das Finanzierungsdefizit der öffentlichen Haushalte. Es handelt sich um die Differenz zwischen Einnahmen und Ausgaben des Staates. Die „öffentliche Verschuldung" ist die Summe der ausstehenden nominalen Bruttoverbindlichkeiten des Staates, die gemäß dem ESVG 95 in die Kategorien Bargeld und Einlagen, Wertpapiere ohne Anteilsrechte und Finanzderivate (z. B. Schatzanweisungen und Schuldverschreibungen des Staats) sowie Kredite eingeteilt werden. Die öffentliche Verschuldung umfasst dagegen nicht Finanzderivate wie etwa Swaps, Handelskredite und sonstige Verbindlichkeiten, die - wie zum Beispiel zu hohe Steuervorauszahlungen - nicht verbrieft sind; nicht enthalten sind weiterhin unbestimmte Verbindlichkeiten wie staatliche Bürgschaften und Versorgungsansprüche. Die öffentliche Verschuldung ist zwar ein Bruttokonzept in dem Sinne, dass Forderungen nicht von Verbindlichkeiten abgezogen werden können, aber sie ist innerhalb des Staatssektors konsolidiert und enthält deshalb nicht die Verschuldung öffentlicher Haushalte bei anderen öffentlichen Haushalten.

Auf Grund der Definitionen des öffentlichen Defizits und der öffentlichen Verschuldung kann die Veränderung des Schuldenstands am Ende zweier aufeinander folgender Jahre wesentlich von der Höhe des Defizits im betrachteten Jahr abweichen. Zum Beispiel kann die öffentliche Verschuldung durch die Erlöse aus der Privatisierung öffentlicher Unternehmen oder durch den Verkauf sonstigen Finanzvermögens reduziert werden, ohne dass dies eine (unmittelbare) Auswirkung auf das Defizit hat. Umgekehrt können die öffentlichen Defizite reduziert werden, indem Transferzahlungen durch staatliche Darlehen oder die Beteiligung des Staates an öffentlichen Unternehmen ersetzt werden, ohne dass sich hieraus ein unmittelbarer Effekt auf den Schuldenstand ergibt. Die Ursache für diesen Unterschied zwischen dem Defizit und der Änderung bei der öffentlichen Verschuldung, die „deficit-debt adjustments", ist ebenfalls von Bedeutung, um die Qualität der gemeldeten Daten zu beurteilen.

Das „Bruttoinlandsprodukt (BIP)", das zur Ermittlung der Defizitquote und der Schuldenquote verwendet wird, entspricht dem Bruttoinlandsprodukt des ESVG 95.

Seit Anfang 1994 liefern die EU-Mitgliedstaaten die für das öffentliche Defizit und die öffentliche Verschuldung relevanten Daten mindestens zweimal pro Jahr an die Europäische Kommission. Der EG-Vertrag weist der Europäischen Kommission die Zuständigkeit für die Bereitstellung der statistischen Daten zu, die für das Verfahren bei einem übermäßigen Defizit benötigt werden. Vor diesem Hintergrund überwacht das Statistische Amt der Kommission (Eurostat) die Übereinstimmung der gemeldeten statistischen Daten mit dem ESVG 95. Eine detaillierte Erläuterung der Anwendung des ESVG 95 bietet das „Manual on Govemment Deficit and Debt", das Anfang 2000 nach Billigung des Ausschusses für Währungs-, Finanz- und Zahlungsbilanzstatistiken (AWFZ), dem Vertreter der nationalen Zentralbanken und der nationalen statistischen Ämter der Mitgliedstaaten angehören, herausgegeben wurde.

Wechselkurse

Die Wechselkurse der Währungen der in diesem Bericht betrachteten Mitgliedstaaten zum Euro sind Referenzkurse, die täglich um 14.15 Uhr (im Anschluss an das tägliche Konzertationsverfahren zwischen den Zentralbanken) von der EZB ermittelt werden. Diese Referenzwechselkurse werden auf der Internetseite der EZB veröffentlicht und sind auch über elektronische Wirtschaftsinformationsdienste abrufbar. Bei den Wechselkursen zur ECU handelt es sich um tägliche offizielle Kurse, wie sie im Amtsblatt der Europäischen Gemeinschaften veröffentlicht wurden. Die in diesem Bericht verwendeten europäischen Kreuzparitäten werden aus diesen Euro- bzw. ECU-Wechselkursen abgeleitet. Die nominalen und realen effektiven Wechselkurse, auf die sich dieser Bericht bezieht, basieren auf von der Europäischen Kommission bereitgestellten Zeitreihen.

Langfristige Zinssätze

Das Protokoll Nr.21 über die Konvergenzkriterien nach Artikel 21 des EG-Vertrags verlangt, dass die Konvergenz der Zinssätze - beobachtet über einen Zeitraum von einem Jahr vor der Prüfung - anhand langfristiger Staatsschuldverschreibungen oder vergleichbarer Wertpapiere unter Berücksichtigung der unterschiedlichen Definitionen in den einzelnen Mitgliedstaaten gemessen wird.

Obwohl Artikel 5 des Protokolls Nr.21 die Zuständigkeit für die Bereitstellung der statistischen Daten zur Anwendung des Protokolls der Europäischen Kommission zuweist, leistete das EWI - in Anbetracht seiner Sachkunde auf diesem Gebiet - Unterstützung bei der Definition repräsentativer langfristiger Zinsstatistiken und der Erhebung der Daten bei den Zentralbanken, die an die Europäische Kommission weitergeleitet werden. Die EZB setzt diese Arbeit des EWI fort.

Obwohl das Verfahren zur Berechnung von Anleiherenditen in allen Mitgliedstaaten ähnlich ist, gab es bei den langfristigen Zinsstatistiken erhebliche Unterschiede im Hinblick auf die Auswahl der Wertpapiere, die verwendeten Renditeformeln, die ausgewählten Laufzeiten, die Behandlung von Steuern und die Bereinigung um Kuponeffekte. Durch die vom EWI durchgeführte Harmonisierung sollten vor allem in diesen Bereichen Empfehlungen ausgesprochen werden, die einerseits allgemein genug sein sollten, um Unterschiede an den nationalen Märkten zuzulassen, und dennoch hinreichend flexibel, um der Entwicklung dieser Märkte Rechnung zu tragen, ohne jedoch die Vergleichbarkeit der Daten zu beeinträchtigen.

Die Harmonisierung orientierte sich an den folgenden Grundsätzen: Emittent der Anleihen sollte der Zentralstaat sein, die festverzinslichen Schuldverschreibungen sollten eine Restlaufzeit von etwa zehn Jahren haben, und die Renditen sollten brutto, das heißt vor Abzug von Steuern, berechnet werden. Um sicherzustellen, dass die Markttiefe berücksichtigt wird und dass die Renditen keine Liquiditätsprämien enthalten, sollten die repräsentativen Schuldverschreibungen möglichst liquide sein. Die Zuständigkeit für diese Auswahl liegt bei den Mitgliedstaaten. Seit Ende Dezember 1997 verwenden elf Länder eine Benchmark-Anleihe und vier Länder einen Korb von Anleihen; maßgebliches Kriterium dabei ist die Liquidität des Markts im zehnjährigen Bereich. Anleihen mit besonderen Ausstattungsmerkmalen (beispielsweise Optionsanleihen oder Null-Kupon-Anleihen) werden bei der Bewertung nicht berücksichtigt. Die Auswahl hochliquider Anleihen trägt außerdem indirekt dazu bei, die Auswirkungen unterschiedlicher Kuponwerte zu minimieren. Schließlich wurde aus den bestehenden internationalen Standards eine einheitliche Formel ausgewählt, nämlich Formel 6.3 aus „Formulae for Yield and other Calculations" der International Securities Market Association. Wird mehr als eine Anleihe herangezogen, so rechtfertigt die Liquidität der ausgewählten Anleihen die einfache Durchschnittsbildung von Renditen, um den repräsentativen Zinssatz zu ermitteln. Durch diese Verfahrensänderungen sollte der Blick auf die statistische Messung der erkennbaren Dauerhaftigkeit der Konvergenz gerichtet werden. Wie oben erwähnt, wird die Berechnung der harmonisierten repräsentativen Langfristzinsen von den Zentralbanken vorgenommen, und in diesem Bericht wurden vollständig harmonisierte Daten verwendet.

Sonstige Faktoren

Der letzte Unterabsatz von Artikel 121 Abs. 1 des EG-Vertrags legt fest, dass die Berichte der Europäischen Kommission und der EZB außer den vier Hauptkriterien auch die Entwicklung der ECU die Ergebnisse bei der Integration der

Märkte, den Stand und die Entwicklung der Leistungsbilanzen, die Entwicklung bei den Lohnstückkosten und andere Preisindizes berücksichtigen sollen.

Während das Protokoll Nr.21 die für die vier Hauptkriterien zu verwendenden Statistiken näher beschreibt und festlegt, dass die Europäische Kommission die Daten bereitstellen soll, die zur Beurteilung der Kriterienerfüllung heranzuziehen sind, finden die „sonstigen Faktoren" im Protokoll keine Erwähnung.

Die Daten zur Zahlungsbilanz und zur Nettoauslandsposition wurden für die vergangenen Jahre (Griechenland: 1997 bis 1999, Schweden: 1998 und 1999) von der betreffenden nationalen Zentralbank auf der Grundlage der 5. Auflage des „Balance of Payments Manual“ des IWF zusammengestellt. Die Angaben zu früheren Jahren wurden von der Europäischen Kommission (Eurostat) auf der Basis vorangegangener Standards (4. Auflage des „Balance of Payments Manual“ des IWF) und anderer Quellen zusammengestellt.

Die Daten zu den Lohnstückkosten und den Deflatoren der Volkswirtschaftlichen Gesamtrechnungen basieren auf Angaben gemäß dem ESVG 95. Die Erzeugerpreisindizes beruhen auf Definitionen, die in den einzelnen Mitgliedstaaten weitgehend vergleichbare Ergebnisse liefern und sich auf den Inlandsabsatz des Verarbeitenden Gewerbes beziehen.

Redaktionsschluss

Der Redaktionsschluss für die in diesem Konvergenzbericht enthaltenen Statistiken war der 14. April 2000; eine Ausnahme bilden die von der Europäischen Kommission (Eurostat) veröffentlichten HVPIs, für die am 18. April 2000 Redaktionsschluss war.

Quelle: Konvergenzbericht 2000 der EZB, S. 62-65

8.2. Anhang II: Gemeinsamkeiten und Unterschiede zwischen WKM und WKM II

WKM und WKM II weisen folgende **Gemeinsamkeiten** auf:

- Die Leitkurse und Bandbreiten werden im Rahmen eines gemeinsamen Verfahrens (unter Beteiligung der Finanzminister, der Präsidenten von EZB und den nationalen Zentralbanken sowie der Kommission) festgelegt.
- Die Standardbandbreite beträgt ±15 %, wobei engere Bandbreiten möglich sind.
- Interventionen erfolgen mit angemessener Finanzierung automatisch an den Interventionspunkten.
- Realignments werden im Rahmen eines gemeinsamen Verfahrens beschlossen.

Die **Hauptunterschiede** zwischen WKM und WKM II sind:

➢ Die multilateralen Wechselkursbindungen des WKM wurden durch bilaterale Bindungen zwischen dem Euro und den Währungen der noch nicht teilnehmenden Mitgliedstaaten ersetzt (sogenanntes "Hub and spokes"-Modell). Dementsprechend bestehen bilaterale Interventionsverpflichtungen zwischen der EZB und den Zentralbanken der noch nicht teilnehmenden Länder. Der WKM war hingegen durch multilaterale Interventionsverpflichtungen gekennzeichnet.

➢ Der Euro ist förmlicher Anker des WKM II; wenngleich die DEM de facto als Anker des WKM fungierte, war dies doch nicht förmlich vorgesehen. Da der Euro als Anker des WKM II dient, wird beim praktischen Betrieb des Mechanismus zweifellos die Notwendigkeit im Mittelpunkt stehen, die Konvergenz der "Pre-ins" in Richtung auf die makroökonomischen Stabilitätsstandards des Euro-Gebiets zu fördern.

➢ Die EZB und alle nicht zum Euro-Gebiet gehörenden nationalen Zentralbanken haben das Recht, ihre Interventionen auszusetzen, wenn ihr Preisstabilitätsziel gefährdet ist; diese " Vorbehaltsklausel " gab es im

WKM offiziell nicht, obgleich die Vorfälle von 1992-93 gezeigt haben, dass auch die Verpflichtung zu "unbegrenzten Interventionen" ihre Grenzen hatte.

- Realignments erfolgen rechtzeitig. Die Erfahrung mit dem WKM in den Jahren 1992-93 hat gezeigt, welche Gefahren drohen, wenn die Leitkurse nicht angepasst werden, bevor Spekulationsdruck entsteht. Im WKM II sind alle Parteien einschließlich der EZB befugt, ein Verfahren einzuleiten, das zu einem Realignment führen kann. Im WKM hingegen musste das Verfahren zur Neufestsetzung des Leitkurses einer Währung von dem betroffenen Mitgliedstaat ausgehen.

Quelle: Bericht der Kommission; Konvergenzbericht 2000, Anhang D, S. 71; Brüssel 3. Mai 2000, KOM(2000) 277 endgültig.

8.3. Anhang III: Relevante Vertragstexte

Artikel 101 (ex Artikel 104)

(1) Überziehungs- oder andere Kreditfazilitäten bei der EZB oder den Zentralbanken der Mitgliedstaaten (im folgenden als „nationale Zentralbanken“ bezeichnet) für Organe oder Einrichtungen der Gemeinschaft, Zentralregierungen, regionale oder lokale Gebietskörperschaften oder andere öffentlich-rechtliche Körperschaften, sonstige Einrichtungen des öffentlichen Rechts oder öffentliche Unternehmen der Mitgliedstaaten sind ebenso verboten wie der unmittelbare Erwerb von Schuldtiteln von diesen durch die EZB oder die nationalen Zentralbanken.

(2) Die Bestimmungen des Absatzes 1 gelten nicht für Kreditinstitute in öffentlichem Eigentum; diese werden von der jeweiligen nationalen Zentralbank und der EZB, was die Bereitstellung von Zentralbankgeld betrifft, wie private Kreditinstitute behandelt.

Artikel 102 (ex Artikel 104 a)

(1) Maßnahmen, die nicht aus aufsichtsrechtlichen Gründen getroffen werden und einen bevorrechtigten Zugang der Organe und Einrichtungen der Gemeinschaft, der Zentralregierungen, der regionalen oder lokalen Gebietskörperschaften oder anderen öffentlich-rechtlichen Körperschaften, sonstiger Einrichtungen des öffentlichen Rechts oder öffentlicher Unternehmen der Mitgliedstaaten zu den Finanzinstituten schaffen, sind verboten.

(2) Der Rat legt vor dem 1. Januar 1994 nach dem Verfahren des Artikels 252 die Begriffsbestimmungen für die Anwendung des in Absatz 1 vorgesehenen Verbots fest.

Artikel 104 (ex Artikel 104 c)

(1) Die Mitgliedstaaten vermeiden übermäßige öffentliche Defizite.

(2) Die Kommission überwacht die Entwicklung der Haushaltslage und der Höhe des öffentlichen Schuldenstands in den Mitgliedstaaten im Hinblick auf die Feststellung schwerwiegender Fehler. Insbesondere prüft sie die Einhaltung der Haushaltsdisziplin anhand von zwei Kriterien, nämlich daran,

a) ob das Verhältnis des geplanten oder tatsächlichen öffentlichen Defizits zum Bruttoinlandsprodukt einen bestimmten Referenzwert überschreitet, es sei denn, dass

- entweder das Verhältnis erheblich und laufend zurückgegangen ist und einen Wert in der Nähe des Referenzwerts erreicht hat

- oder der Referenzwert nur ausnahmsweise und vorübergehend überschritten wird und das Verhältnis in der Nähe des Referenzwerts bleibt,

b) ob das Verhältnis des öffentlichen Schuldenstands zum Bruttoinlandsprodukt einen bestimmten Referenzwert überschreitet, es sei denn, dass das Verhältnis hinreichend rückläufig ist und sich rasch genug dem Referenzwert nähert.

Die Referenzwerte werden in einem diesem Vertrag beigefügten Protokoll über das Verfahren bei einem übermäßigen Defizit im einzelnen festgelegt.

(3) Erfüllt ein Mitgliedstaat keines oder nur eines dieser Kriterien, so erstellt die Kommission einen Bericht. In diesem Bericht wird berücksichtigt, ob das öffentliche Defizit die öffentlichen Ausgaben für Investitionen übertrifft; berücksichtigt werden ferner alle sonstigen einschlägigen Faktoren, einschließlich der mittelfristigen Wirtschafts- und Haushaltslage des Mitgliedstaats.

Die Kommission kann ferner einen Bericht erstellen, wenn sie ungeachtet der Erfüllung der Kriterien der Auffassung ist, dass in einem Mitgliedstaat die Gefahr eines übermäßigen Defizits besteht.

(4) Der Ausschuss nach Artikel 114 gibt eine Stellungnahme zu dem Bericht der Kommission ab.

(5) Ist die Kommission der Auffassung, dass in einem Mitgliedstaat ein übermäßiges Defizit besteht oder sich ergeben könnte, so legt sie dem Rat eine Stellungnahme vor.

(6) Der Rat entscheidet mit qualifizierter Mehrheit auf Empfehlung der Kommission und unter Berücksichtigung der Bemerkungen, die der betreffende Mitgliedstaat gegebenenfalls abzugeben wünscht, nach Prüfung der Gesamtlage, ob ein übermäßiges Defizit besteht.

(7) Wird nach Absatz 6 ein übermäßiges Defizit festgestellt, so richtet der Rat an den betreffenden Mitgliedstaat Empfehlungen mit dem Ziel, dieser Lage innerhalb einer bestimmten Frist abzuhelfen. Vorbehaltlich des Absatzes 8 werden diese Empfehlungen nicht veröffentlicht.

(8) Stellt der Rat fest, dass seine Empfehlungen innerhalb der gesetzten Frist keine wirksamen Maßnahmen ausgelöst haben, so kann er seine Empfehlungen veröffentlichen.

(9) Falls ein Mitgliedstaat den Empfehlungen des Rates weiterhin nicht Folge leistet, kann der Rat beschließen, den Mitgliedstaat mit der Maßgabe in Verzug zu setzen, innerhalb einer bestimmten Frist Maßnahmen für den nach Auffassung des Rates zur Sanierung erforderlichen Defizitabbau zu treffen.

Der Rat kann in diesem Fall den betreffenden Mitgliedstaat ersuchen, nach einem konkreten Zeitplan Berichte vorzulegen, um die Anpassungsbemühungen des Mitgliedstaats überprüfen zu können.

(10) Das Recht auf Klageerhebung nach den Artikeln 226 und 227 kann im Rahmen der Absätze 1 bis 9 dieses Artikels nicht ausgeübt werden.

(11) Solange ein Mitgliedstaat einen Beschluss nach Absatz 9 nicht befolgt, kann der Rat beschließen, eine oder mehrere der nachstehenden Maßnahmen anzuwenden oder gegebenenfalls zu verschärfen, nämlich

- von dem betreffenden Mitgliedstaat verlangen, vor der Emission von Schuldverschreibungen und sonstigen Wertpapieren vom Rat näher zu bezeichnende zusätzliche Angaben zu veröffentlichen,

- die Europäische Investitionsbank ersuchen, ihre Darlehenspolitik gegenüber dem Mitgliedstaat zu überprüfen,

- von dem Mitgliedstaat verlangen, eine unverzinsliche Einlage in angemessener Höhe bei der Gemeinschaft zu hinterlegen, bis das übermäßige Defizit nach Ansicht des Rates korrigiert worden ist,

- Geldbußen in angemessener Höhe verhängen.

Der Präsident des Rates unterrichtet das Europäische Parlament von den Beschlüssen.

(12) Der Rat hebt einige oder sämtliche Entscheidungen nach den Absätzen 6 bis 9 und 11 so weit auf, wie das übermäßige Defizit in dem betreffenden Mitgliedstaat nach Ansicht des Rates korrigiert worden ist. Hat der Rat zuvor Empfehlungen veröffentlicht, so stellt er, sobald die Entscheidung nach Absatz 8 aufgehoben worden ist, in einer öffentlichen Erklärung fest, dass in dem betreffenden Mitgliedstaat kein übermäßiges Defizit mehr besteht.

(13) Die Beschlussfassung des Rates nach den Absätzen 7 bis 9 sowie 11 und 12 erfolgt auf Empfehlung der Kommission mit einer Mehrheit von zwei Dritteln der gemäß Artikel 205 Absatz 2 gewogenen Stimmen der Mitgliedstaaten mit Ausnahme der Stimmen des Vertreters des betroffenen Mitgliedstaats.

(14) Weitere Bestimmungen über die Durchführung des in diesem Artikel beschriebenen Verfahrens sind in dem diesem Vertrag beigefügten Protokoll über das Verfahren bei einem übermäßigen Defizit enthalten.

Der Rat verabschiedet einstimmig auf Vorschlag der Kommission und nach Anhörung des Europäischen Parlaments sowie der EZB die geeigneten Bestimmungen, die sodann das genannte Protokoll ablösen.

Der Rat beschließt vorbehaltlich der sonstigen Bestimmungen dieses Absatzes vor dem 1. Januar 1994 mit qualifizierter Mehrheit auf Vorschlag der Kommission und nach Anhörung des Europäischen Parlaments nähere Einzelheiten und Begriffsbestimmungen für die Durchführung des genannten Protokolls.

Artikel 121 (ex Artikel 109 j)

(1) Die Kommission und das EWI berichten dem Rat, inwieweit die Mitgliedstaaten bei der Verwirklichung der Wirtschafts- und Währungsunion ihren Verpflichtungen bereits nachgekommen sind. In ihren Berichten wird auch die Frage geprüft, inwieweit die innerstaatlichen Rechtsvorschriften der einzelnen Mitgliedstaaten einschließlich der Satzung der jeweiligen nationalen Zentralbank mit Artikel 108 und Artikel 109 dieses Vertrags sowie der Satzung des ESZB vereinbar sind. Ferner wird darin geprüft, ob ein hoher Grad an dauerhafter Konvergenz erreicht ist; Maßstab hierfür ist, ob die einzelnen Mitgliedstaaten folgende Kriterien erfüllen:

- Erreichung eines hohen Grades an Preisstabilität, ersichtlich aus einer Inflationsrate, die der Inflationsrate jener - höchstens drei – Mitgliedstaaten nahe kommt, die auf dem Gebiet der Preisstabilität das beste Ergebnis erzielt haben;

- eine auf Dauer tragbare Finanzlage der öffentlichen Hand, ersichtlich aus einer öffentlichen Haushaltslage ohne übermäßiges Defizit im Sinne des Artikels 104 Absatz 6;
- Einhaltung der normalen Bandbreiten des Wechselkursmechanismus des Europäischen Währungssystems seit mindestens zwei Jahren ohne Abwertung gegenüber der Währung eines anderen Mitgliedstaats;

- Dauerhaftigkeit der von dem Mitgliedstaat erreichten Konvergenz und seiner Teilnahme am Wechselkursmechanismus des Europäischen Währungssystems, die im Niveau der langfristigen Zinssätze zum Ausdruck kommt.

Die vier Kriterien in diesem Absatz sowie die jeweils erforderliche Dauer ihrer Einhaltung sind in einem diesem Vertrag beigefügten Protokoll näher festgelegt. Die Berichte der Kommission und des EWI berücksichtigen auch die Entwicklung der ECU, die Ergebnisse bei der Integration der Märkte, den Stand und die Entwicklung der Leistungsbilanzen, die Entwicklung bei den Lohnstückkosten und andere Preisindizes.

(1) Der Rat beurteilt auf der Grundlage dieser Berichte auf Empfehlung der Kommission mit qualifizierter Mehrheit,

- ob die einzelnen Mitgliedstaaten die notwendigen Voraussetzungen für die Einführung einer einheitlichen Währung erfüllen,

- ob eine Mehrheit der Mitgliedstaaten die notwendigen Voraussetzungen für die Einführung einer einheitlichen Währung erfüllt,

und empfiehlt seine Feststellungen dem Rat, der in der Zusammensetzung der Staats- und Regierungschefs tagt. Das Europäische Parlament wird angehört und leitet seine Stellungnahme dem Rat in der Zusammensetzung der Staats- und Regierungschefs zu.

(2) Unter gebührender Berücksichtigung der Berichte nach Absatz 1 sowie der Stellungnahme des Europäischen Parlaments nach Absatz 2 verfährt der Rat, der in der Zusammensetzung der Staats- und Regierungschefs tagt, spätestens am 31. Dezember 1996 mit qualifizierter Mehrheit wie folgt:

- er entscheidet auf der Grundlage der in Absatz 2 genannten Empfehlungen des Rates, ob eine Mehrheit der Mitgliedstaaten die notwendigen

  Voraussetzungen für die Einführung einer einheitlichen Währung erfüllt;

- er entscheidet, ob es für die Gemeinschaft zweckmäßig ist, in die dritte Stufe einzutreten;

sofern dies der Fall ist,

- bestimmt er den Zeitpunkt für den Beginn der dritten Stufe.

(3) Ist bis Ende 1997 der Zeitpunkt für den Beginn der dritten Stufe nicht festgelegt worden, so beginnt die dritte Stufe am 1. Januar 1999. Vor dem 1. Juli 1998 bestätigt der Rat, der in der Zusammensetzung der Staats- und Regierungschefs tagt, nach einer Wiederholung des in den Absätzen 1 und 2 - mit Ausnahme von Absatz 2 zweiter Gedankenstrich - vorgesehenen Verfahrens unter Berücksichtigung der Berichte nach Absatz 1 sowie der Stellungnahme des Europäischen Parlaments mit qualifizierter Mehrheit auf der Grundlage der Empfehlungen des Rates nach Absatz 2, welche Mitgliedstaaten die notwendigen Voraussetzungen für die Einführung einer einheitlichen Währung erfüllen.

Artikel 122 (ex Artikel 109 k)

1. Falls der Zeitpunkt nach Artikel 121 Absatz 3 bestimmt wurde, entscheidet der Rat auf der Grundlage der in Artikel 121 Absatz 2 genannten Empfehlungen mit qualifizierter Mehrheit auf Empfehlung der Kommission, ob - und gegebenenfalls welchen – Mitgliedstaaten eine Ausnahmeregelung im Sinne des Absatzes 3 gewährt wird. Die betreffenden Mitgliedstaaten werden in diesem Vertrag als „Mitgliedstaaten, für die eine Ausnahmeregelung gilt" bezeichnet.

   Falls der Rat nach Artikel 121 Absatz 4 bestätigt hat, welche Mitgliedstaaten die notwendigen Voraussetzungen für die Einführung einer einheitlichen Währung erfüllen, wird den Mitgliedstaaten, die die Voraussetzungen nicht erfüllen, eine Ausnahmeregelung im Sinne des Absatzes 3 gewährt. Die betreffenden Mitgliedstaaten werden in diesem Vertrag ebenfalls als „Mitgliedstaaten, für die eine Ausnahmeregelung gilt" bezeichnet.

2. Mindestens einmal alle zwei Jahre bzw. auf Antrag eines Mitgliedstaats, für den eine Ausnahmeregelung gilt, berichten die Kommission und die EZB dem Rat nach dem Verfahren des Artikels 121 Absatz 1. Der Rat entscheidet nach Anhörung des Europäischen Parlaments und nach Aussprache im Rat, der in der Zusammensetzung der Staats- und Regierungschefs tagt, auf Vorschlag der Kommission mit qualifizierter Mehrheit, welche der Mitgliedstaaten, für die eine Ausnahmeregelung gilt, die auf den Kriterien des Artikels 121 Absatz 1 beruhenden Voraussetzungen erfüllen, und hebt die Ausnahmeregelungen der betreffenden Mitgliedstaaten auf.

Protokoll Nr. 21 (ex Nr. 6) über die Konvergenzkriterien nach Artikel 121 des Vertrags zur Gründung der Europäischen Gemeinschaft

DIE HOHEN VERTRAGSPARTEIEN,

IN DEM WUNSCH, die in Artikel 121 Absatz 1 des Vertrags zur Gründung der Europäischen Gemeinschaft aufgeführten Konvergenzkriterien, welche die Gemeinschaft bei der Beschlussfassung über den Eintritt in die dritte Stufe der Wirtschafts- und Währungsunion leiten sollen, näher festzulegen –

SIND über folgende Bestimmungen ÜBEREINGEKOMMEN, die dem Vertrag zur Gründung der Europäischen Gemeinschaft beigefügt sind:

Artikel 1

Das in Artikel 121 Absatz 1 erster Gedankenstrich dieses Vertrags genannte Kriterium der Preisstabilität bedeutet, dass ein Mitgliedstaat eine anhaltende Preisstabilität und eine während des letzten Jahres vor der Prüfung gemessene durchschnittliche Inflationsrate aufweisen muss, die um nicht mehr als 1,5 Prozentpunkte über der Inflationsrate jener - höchstens drei – Mitgliedstaaten liegt, die auf dem Gebiet der Preisstabilität das beste Ergebnis erzielt haben. Die Inflation wird anhand des Verbraucherpreisindexes auf vergleichbarer Grundlage unter Berücksichtigung der unterschiedlichen Definitionen in den einzelnen Mitgliedstaaten gemessen.

Artikel 2

Das in Artikel 121 Absatz 1 zweiter Gedankenstrich dieses Vertrags genannte Kriterium der Finanzlage der öffentlichen Hand bedeutet, dass zum Zeitpunkt der Prüfung keine Ratsentscheidung nach Artikel 104 c Absatz 6 dieses Vertrags vorliegt, wonach in dem betreffenden Mitgliedstaat ein übermäßiges Defizit besteht.

Artikel 3

Das in Artikel 121 Absatz 1 dritter Gedankenstrich dieses Vertrags genannte Kriterium der Teilnahme am Wechselkursmechanismus des Europäischen Währungssystems bedeutet, dass ein Mitgliedstaat die im Rahmen des Wechselkursmechanismus des Europäischen Währungssystems vorgesehenen normalen Bandbreiten zumindest in den letzten zwei Jahren vor der Prüfung ohne starke Spannungen eingehalten haben muss. Insbesondere darf er den bilateralen Leitkurs seiner Währung innerhalb des gleichen Zeitraums gegenüber der Währung eines anderen Mitgliedstaats nicht von sich aus abgewertet haben.

Artikel 4

Das in Artikel 121 Absatz 1 vierter Gedankenstrich dieses Vertrags genannte Kriterium der Konvergenz der Zinssätze bedeutet, dass im Verlauf von einem Jahr vor der Prüfung in einem Mitgliedstaat der durchschnittliche langfristige Nominalzins um nicht mehr als 2 Prozentpunkte über dem entsprechenden Satz in jenen - höchstens drei Mitgliedstaaten liegt, die auf dem Gebiet der Preisstabilität das beste Ergebnis erzielt haben. Die Zinssätze werden anhand langfristiger Staatsschuldverschreibungen oder vergleichbarer Wertpapiere unter Berücksichtigung der unterschiedlichen Definitionen in den einzelnen Mitgliedstaaten gemessen.

Artikel 5

Die zur Anwendung dieses Protokolls erforderlichen statistischen Daten werden von der Kommission zur Verfügung gestellt.

Artikel 6

Der Rat erlässt auf Vorschlag der Kommission und nach Anhörung des Europäischen Parlaments und des EWI bzw. der EZB sowie des in Artikel 121 genannten Ausschusses einstimmig geeignete Vorschriften zur Festlegung der

Einzelheiten der in Artikel 121 dieses Vertrags genannten Konvergenzkriterien, die dann an die Stelle dieses Protokolls treten.

8.4. Anhang IV: Chronik der geldpolitischen Maßnahmen in Griechenland 1999/2000

CHRONIK DER GELDPOLITISCHEN MASSNAHMEN DER BANK VON GRIECHENLAND 1999 UND 2000			
Datum	Zinssatz für 14-tägige Pensionsgeschäfte	Lombardsatz	Zinssatz für Tagesgeld
10.12.1998	12,25	15,50	11,60
14.01.1999	12,00	13,50	11,50
21.10.1999	11,50	13,00	11,00
16.12.1999	10,75	12,25	10,25
27.12.1999	10,75	11,50	10,25
27.01.2000	9,75	11,00	9,50
09.03.2000	9,25	10,25	8,75
20.04.2000	8,75	9,50	8,00
29.06.2000	8,25	9,00	7,25
06.09.2000	7,50	8,25	6,50
15.11.2000	7,00	7,75	6,00
29.11.2000	6,50	7,25	5,50
13.12.2000	5,75	6,50	4,75
27.12.2000	4,75	5,75	3,75
Quelle: Bank von Griechenland			

Anhang V. Statistische Auswirkungen der Erweiterung des Euroraums um Griechenland

Der Beitritt Griechenlands zum Euroraum erforderte erstmals die Aufnahme eines weiteren Mitgliedstaates in die statistischen Datenreihen für das Euro-Währungsgebiet. Daher waren eine Reine statistischer Fragen zu klären, die sowohl die Verfügbarkeit von Daten für das neue Mitgliedsland als auch die Verfahren zur Berechnung der Aggregate für den Euroraum betrafen. Um eine reibungslose und zeitgerechte Verfügbarkeit der neuen Statistiken für das Eurogebiet einschließlich Griechenlands zu gewährleisten, wurden seit dem am 19. Juni 2000 gefassten Beschluss des ECOFIN-Rats, wonach Griechenland die Kriterien für die Einführung der Einheitswährung am 1. Januar 2001 erfüllt, verstärkt statistische Vorbereitungen getroffen. Die Vorbereitung der Statistiken für das erweiterte Euro-Währungsgebiet wurde, soweit erforderlich, mit der Europäischen Kommission abgestimmt, um Einheitlichkeit in allen statistischen Bereichen zu gewährleisten.

Zusammenfassend lässt sich feststellen, dass die Erweiterung des Euroraums um Griechenland am 1. Januar 2001 vor allem zwei Auswirkungen auf die Statistik hat. Zum einen ist die griechische Bevölkerung nun Teil der Ansässigen im Euro-Wahrungsgebiet. Zum anderen ist die griechische Drachme nunmehr eine nationale Währungseinheit des Euro. Folglich hat sich aus statistischer Sicht die Zusammensetzung der „übrigen Welt“ und der „Fremdwährungen“ verändert. Dies wirkt sich wiederum auf alle monetären, finanziellen und sonstigen Wirtschaftsstatistiken für das Eurogebiet aus.

Für Griechenland war damit ab Januar 2001 die Verpflichtung verbunden, sämtliche in der Richtlinie des Rates (EG) Nr.2533/98 dargelegten statistischen Anforderungen der EZB zu erfüllen. Die statistischen Anforderungen der EZB sind im Dokument „Erhebung und Aufbereitung statistischer Daten durch das ESZB" vom Mai 2000 wiedergegeben. Die Bank von Griechenland war als Mitglied des Europäischen Systems der Zentralbanken und des Erweiterten Rats der EZB über die Anforderungen der EZB in vollem Umfang informiert und somit darauf vorbereitet, die Verpflichtungen betreffend die Geldmengen-, Banken-, Zahlungsbilanz- und sonstigen finanziellen Statistiken zu erfüllen. Darüber hinaus musste die griechische Zentralbank die notwendigen Vorbereitungen zur Integration der griechischen Kreditinstitute in das Mindestreservesystem der EZB und zur Anpassung der relevanten statistischen Anforderungen treffen.

Für die anderen teilnehmenden Mitgliedstaaten bedeutet die Erweiterung des Euroraums um Griechenland, dass sie seit dem 1. Januar 2001 Transaktionen (oder Stromgrößen) und Positionen mit Ansässigen Griechenlands als Teil des Handels innerhalb des Euro-Währungsgebiets und nicht als Transaktionen und Positionen mit Ansässigen außerhalb des Euroraums ausweisen müssen. Die griechische Drachme gilt bis zur endgültigen Umstellung auf den Euro (d.h. bis die Banknoten und Münzen der Währungen, die im Euro aufgegangen sind, durch Euro-Bargeld ersetzt werden) als weitere nationale Währungseinheit des Euro.

Die EZB hat in der zweiten Jahreshälfte 2000 alle notwendigen technischen Vorbereitungen für den Datenaustausch mit der griechischen Zentralbank getroffen. Außerdem leistete sie Unterstützung bei der Anpassung der statistischen Berichterstattung der bisherigen Mitgliedstaaten des Euroraums. Was die Darstellung der Statistiken zum Euroraum durch die EZB (z. B. im Statistikteil des Monatsberichts) betrifft, so ist weiterhin der Berichtszeitraum maßgeblich. Dies bedeutet, dass Bestandsgrößen wie Beschäftigungsdaten und Angaben zur Bilanz der Monetären Finanzinstitute (MFIs) sowie Stromgrößen wie die Zahlungsbilanzstatistik, die sich auf Zeiträume bis einschließlich Dezember 2000 beziehen, das Euro-Währungsgebiet mit elf Mitgliedstaaten abdecken, während Angaben zu den Zeiträumen oder Daten ab Januar 2001 das erweiterte Euro-Währungsgebiet mit zwölf Mitgliedstaaten (d.h. einschließlich Griechenlands) umfassen. Soweit möglich tragen die absoluten und prozentualen Veränderungen für das Jahr 2001, die auf der Grundlage der Angaben für das Jahr 2000 berechnet werden, der geänderten Zusammensetzung des Euroraums Rechnung.

Quelle: Jahresbericht 2000 der Europäischen Zentralbank, Kasten 7, S. 86.

Literaturverzeichnis

Berger, Frank.: Die Münzverträge und Münzvereinigungen des 19. Jahrhunderts. Die Lateinische Münzunion, in: *Geld ohne Grenzen. Der Weg zum Euro*: *2500 Jahre Währungsunionen*; (Hrsg. Stadt Frankfurt am Main, Dezernat für Kultur und Freizeit Historisches Museum), Frankfurt/M 1998

Bericht der Kommission Konvergenzbericht 2000, Brüssel, 3. Mai 2000 KOM(2000) 277 endgültig

Bericht über den Konvergenzstand 1998 (gemäß Artikel 109 j Absatz 1 EG-Vertrag) [Konvergenzbericht der Kommission 1998], in Europäische Wirtschaft, Europäische Kommission, Generaldirektion Wirtschaft und Finanzen, Nr. 65, 1998

Der Brockhaus multimedial 2001 (3 CD-ROMs)

„Die neuen Stabilitäts- und Konvergenzprogramme 1999". Öffentliche Schuldenquoten, in Europäische Wirtschaft, Europäische Kommission, Generaldirektion Wirtschaft und Finanzen, Beiheft A Wirtschaftsanalysen Nr. 3 – März 1999

Deutsche Bundesbank Monatsbericht Januar 2002

Deutsche Bundesbank Monatsbericht Februar 2002

Deutsche Bundesbank Monatsbericht März 2002

Empfehlung der Kommission zur dritten Stufe der Wirtschafts- und Währungsunion, in Europäische Wirtschaft, Europäische Kommission, Generaldirektion Wirtschaft und Finanzen, Nr. 65, 1998

Europäische Zentralbank Konvergenzbericht 2000

Jahresbericht 1998 Europäische Zentralbank

Jahresbericht 1999 Europäische Zentralbank

Jahresbericht 2000 Europäische Zentralbank

Konvergenzbericht - nach Artikel 109 j des Vertrags zur Gründung der Europäischen Gemeinschaft vorgeschriebener Bericht – Europäisches Währungsinstitut, Frankfurt/M, März 1998

Konvergenzbericht 2000 Europäische Zentralbank

Geschäftsbericht 2000 der Bundesbank

Heuß, Alfred: Hellas. In: Propyläen Weltgeschichte, Bd. 3: Griechenland - Die hellenistische Welt – (hrsg. Von Golo Mann und Alfred Heuß), Berlin und Frankfurt/M 1986

Wolters, Reinhard: Politische Allianzen und Gemeinschaftsprägungen im antiken Griechenland, in: *Geld ohne Grenzen. Der Weg zum Euro*: *2500 Jahre Währungsunionen*; (Hrsg. Stadt Frankfurt am Main, Dezernat für Kultur und Freizeit Historisches Museum), Frankfurt/M 1998

The 2001 Update of the Hellenic Stability and Growth Programme 2001-2004*, hrsg. v. Hellenic Republic Ministry of Economy and Finance, December 2001 (*The programme can be found at the web site of the Greek Ministry of Economy and Finance: http://www.mnec.gr/ministry/converg/spg2001_en.htm)

The 2000 Stability and Growth Programme: 2000-2004*, hrsg. v. Hellenic Republic Ministry of Economy and Finance, December 2000 (* The programme can be found at the web site of the Greek Ministry of National Economy: www.ypetho.gr)

Haushaltsüberwachung in der WWU –Die neuen Stabilitäts- und Konvergenzprogramme, in: Europäische Wirtschaft, Beiheft A, Nr. 3 – März 1999

Jahresbericht 1997 der Bank von Griechenland – in griechischer Sprache

Herbstprognose der Kommission für 2001-2003, in: Europäische Wirtschaft, Beiheft A Wirtschaftsanalysen, No 10/11 – Oktober/November 2001

Frühjahrsprognose der Kommission für 2001-2002, in Europäische Wirtschaft, Beiheft A Wirtschaftsanalysen, No 3/4 – März /April 2001

Commission assesses the 2001 update of the stability programme of Greece (2001 – 2004) EU Institutions Press Release DN IP/02/163. Brüssel, 30.1.2002

Pressebericht der 2407. Tagung des Rates – Wirtschaft und Finanzen – am 12. Februar 2002 in Brüssel. DN: PRES/02/28 . GRIECHENLAND – Stellungnahme des Rates zum aktualisierten Stabilitätsprogramm Griechenlands für 2001-2004

Stellungnahme des Rates vom 12. Februar 2001 zum Stabilitätsprogramm Griechenlands für 2000 – 2004. Amtsblatt Nr. C 077 vom 9.3.2001. Dokument 301A0309(01). Eingesehen am 3.3.2002 unter:
http://europa.eu.int/eur-lex/de/lif/dat/2001/de_301A0309_01.html

Stellungnahme des Rates zum aktualisierten Konvergenzprogramm Griechenlands für den Zeitraum 1999 – 2002. Bulletin EU 1/2 – 2000 Wirtschafts- und Währungspolitik (10/16). Eingesehen am 7.3.2002 unter:
http://europa.eu.int/abc/doc/off/bull/de/200001/p103010.htm

Aktuelle Entwicklungen und Perspektiven der griechischen und internationalen Wirtschaft, in: Halbjahresbericht des griechischen Wirtschafts- und Finanzministeriums, in griechischer Sprache, Dezember 2001, Heft 34

NATO-Handbook 7/2001

ECB Monthly Bulletin. January 2001

EUR-Lex: Geltendes Gemeinschaftsrecht – Dokument 301A0309(01)
http://europa.eu.int/eur-lex/de7lif/dat/2001/de_301A0309_01.html
Stellungnahme des Rates vom 12. Februar 2001 zum Stabilitätsprogramm Griechenlands für 2000-2004

Zeitungsartikel

„Griechenlands Anpassung an die EU –Staatliche Nachhilfe mit geschickten Kunstgriffen-", in NZZ vom 26.1.1999

„Griechenland: Stramm auf Kurs Währungsunion", in Börse Online Nr. 36, München, vom 2.9.1999

„Erdbeben in Athen bedroht Euro-Konvergenz nicht“, in HB, vom 1.10.1999

„Athener Regierung rechnet fest mit dem Beitritt zur EWWU“, von Gerd Höhler, in HB, vom 22.2.2000

„Neues Risiko –Athen soll 2001 den Euro einführen-„„ von Eberhard Wissdorf, in HB, vom 4.5.2000

„Testat mit erhobenem Zeigefinger“, in BöZ, vom 4.5.2000

„Griechische Gefahr“, von Kolja Rudzio, in Die Zeit, vom 15.6.2000

„Tarifeinigung: 5,5% in zwei Jahren“ Athener Zeitung –Wirtschaft-; Griechischer Wirtschaftsdienst (GWD), Jg. 9, Nr. 318 vom 19. Mai 2000

„Agrarbank-Privatisierung zu 35%“ Athener Zeitung – Wirtschaft -; Jg. 10, Nr. 396 v. 14.12.2001, S. 20/6

„Zeichnung für OLTH beginnt am 27. Juli“ Athener Zeitung – Wirtschaft -; Jg. 10, Nr. 377 v. 27.7.2001, S. 10/2

„Briten übernehmen Korinth-Kanal“ Athener Zeitung – Wirtschaft -; Jg. 10, Nr. 362 v. 6.4.2001, S. 10/2

„OTE erhält neuen Auftrieb“ Athener Zeitung – Wirtschaft -; Jg. 10, Nr. 391, v. 9.11.2001, S. 11/3

„DEH-Börsengang trotz Fehlstarts erfolgreich“ Athener Zeitung – Wirtschaft -; Jg. 10, Nr. 396 v. 14.12.2001, S. 14/2

„Die Rentenreform kommt ins Stocken“ Athener Zeitung – Wirtschaft -; Jg. 11, Nr. 410, v. 29. 3. 2002, S. 1/2

„ Dialog zur Rentenreform am Scheideweg“ Athener Zeitung – Wirtschaft -; Jg. 11, Nr. 410, v. 29. 3. 2002, S. 9/1

FSC
www.fsc.org
MIX
Papier | Fördert gute Waldnutzung
FSC® C083411

Kolibri 360 GmbH
Ferdinand-Jühlke-Straße 7
99095 Erfurt, Deutschland
produktsicherheit@kolibri360.de

Druck:
CPI Druckdienstleistungen GmbH
im Auftrag der
Kolibri 360 GmbH
Ferdinand-Jühlke-Str. 7
99095 Erfurt